東方の言葉

中村 元

角川文庫
22686

この書は東洋における宗教のことばの若干をわかり易いことばに翻訳《ほんやく》して紹介し、簡単に解説したものである。その真趣意を闡明《せんめい》するということは、なかなか筆者の及ばぬところであるが、ただ東洋の古典はわかりにくいものである、という一般の誤解をうち破って、その滋味の一端を掬《きく》してもらいたいと思い、その一つの訳例を示したまでである。インドのことばは原文（サンスクリット、プラークリット、パーリ語など）から直接に訳出し、必要の場合にのみ漢訳仏典を参照することにした。

東洋及び日本の宗教聖典の重要な典籍をすべて紹介することはできないので、既に口語訳のあるものを主にした。

われわれの祖先が、カナガキで大陸から入った仏教を、理解説明しようとした努力は尊いものであると思う。これこそわれわれ日本人が、日本人としての現実にそくして、生活の進路をみいだすために、何事かを教えてくれるであろう。附録としてその解説を掲載した。

これらの三つの目標を、相互に連関せしめて考慮するならば、この小著は一つの一貫した動きをうけて現れたものであることが明らかになろう。それは、宗教の通俗化とか平易化ではなくて、民衆の生活のことばをもって理解し表現することこそ、宗教への真実の道であるという強い確信である。

それぞれのことばは、特定の個人が、特定の状況においていたものである。しかしそれはまた、特殊性をこえた普遍的意義をもっている。それを標示するために、それぞれのことばに標題をふした。高僧のよび名はいろいろであるが、主として耳なれたものを挙げることにした。その人特有の敬称をつけた場合があるが、その性格を示すためであり、周知の宗教家にはこれを省略した。

この小著の出版については、実業之日本社の粕谷正雄、米山寛、篠遠喜健、中川ひかる諸氏のお手数をかけたことを感謝する。よみ易くするため漢字の代りにかなで書いた場合には編集諸氏の努力によった点が少なくない。

一九五六年十月

著者しるす

目次

仏教外のインドの諸宗教

後代のインド仏教

中国仏教

日本仏教

附　カナガキ仏教書

仏教外のインドの諸宗教

一、絶対者への通路

われはブラフマンなり。

ウパニシャッド　第一巻四・一〇

インドの哲学思想は、ウパニシャッドから始まるといわれている。ウパニシャッドはインドの哲学思想の源泉となっているのみならず、ドイツの哲学者ショペンハウアーが、これのラテン語訳をよんで非常に感激し、「それはわが生の慰めであり、またわが死の慰めともなるであろう。」と激賞してから、ショペンハウアーを通じて、西洋の哲学思想にも深い影響を及ぼしている。

ウパニシャッド（Upaniṣad）ということばは、もとは、弟子が師匠の近くに坐ること、近くに侍ることを意味し、さらに「秘密のあつまり」という意味になった。昔のインドでは、人里はなれた森の中のしずかなところで、師が弟子に対して秘密の教えを授ける、ということが行われていた。そこでウパニシャッドという語は、さらに転じて、「秘密の意義」「秘説」「秘密の教え」という意味にもなり、のちにはその秘密の教えを載せた文献の名称ともなった。ウパニシャッドという名のついた文献は、二百以上も残っていて、まとめて一〇八ウパニシャッドということもあるが、古いものは約一四ほどであるといわれ、そのうち主なものは仏教の出現以前につくられたものである。

ウパニシャッドはバラモン教の根本聖典であるヴェーダの一部分となっているが、バラモン教の祭礼にかこつけた説明あるいは神話的要素をなお多く含んでいる。思想をのべるにしても、体系的理論的にとくのではなくて、譬喩《ひゆ》と比較とにたよっていることが多い。後世の哲学書のように抽象的に考えた結果を記しているのではなくて、むしろ神秘的な霊感によって得た確信を表明している。しばしば師弟・父子・夫妻の間の対話、或《あるい》いは知識人の間における討論のかたちをとってのべられている。

ウパニシャッドの思想は、ヴェーダ聖典一般にあらわれている思想と比較すると、あきらかに新興思想であり、ときには当時の一般の人々の眼には新しく、めずらしく、異様な感じをあたえた。したがってこの新しい思想は、多くは秘密のうちに師から弟子に伝えられ、あるいは新しい思想家の間でささやかれたにとどまり、一般の世人にむかって呼びかけられることはなかった。ただウパニシャッドにおいては、特殊な哲学説がしばしば個人（バラモンのみならず王族）の名と結びつけて伝えられている。故に各個人の独立した哲学的思索の意義が、この時代から以後に認められるにいたったのであると考えられる。

ウパニシャッドの思想は種々雑多であり、到底一律にまとめていうことはできないが、本来の自己であるアートマンというものを考え、それを絶対者であるブラフマンと同一であるとみなすにいたった。このアートマンあるいはブラフマンを知るならば、われわれは絶対の安心立命《あんじんりゅうみょう》の境地に到達しうる。それが解脱《げだつ》である。それはヴェーダ聖典一般においてとく祭祀《さいし》によっては達せられないと主張した。

後世の多くの学者は、絶対者ブラフマンと本来の自己（アートマン）とが同一であるという説がウパニシャッドの中心思想であると解している。こうした傾向にもとづいて表明された一つの文章が、右に掲げる「われはブラフマンなり。」という文章である。

二、真実の自己

このアートマンはただ「しからず、しからず」といわるるのみ。それは把捉《はそく》されえないから。それは不壊《ふえ》である。何となれば、それは破壊されえないから。何となれば、それは認識されえない。何となれば、それは破壊されえないから。

ヤージニャヴァルキヤ　古ウパニシャッドにあらわれる重要な哲人。バラモン教の学者。仏教がおこるはるか以前に生存した。かりに、かれの年代を西紀前七〇〇年頃と推定してよいであろう。

ウパニシャッドの中では、種々の思想家が教えをのべているが、そのうちでももっとも注目すべき人は、ヤージニャヴァルキヤである。ヤージニャヴァルキヤ(Yajñavalkya)はバラモンすなわち祭を司《つかさど》る人であった。かれの学説はかれが主な人物として登場する多くの対話のうちに伝えられているが、とくにかれの妻マイトレーイー(Maitreyī)

との対話は有名である。かれが出家して遍歴遊行生活に入ろうとしたときの対話が伝えられている。

古代のインドでは、人は年をとったならば、家を息子にゆずって出家し、遍歴遊行の生活を送るという習俗があった。これは他の国には珍らしい習俗であり、わずかに日本の隠居がこれに相当する、とドイツの社会学者マックス・ウェーバーは述べている。隠居ということはドイツ語には訳せないらしくて、ウェーバーはローマ字で**Inkyo**と書いている。

さてそのとき、ヤージニャヴァルキヤにむかって妻マイトレーイーは「もしも財宝をもって、充満したこの大地のすべてが、わがものとなったとしたならば、これによって不死となりうるであろうか？」という問を発する。

これにたいしてヤージニャヴァルキヤは、

「しからば資産ある者のごとき生活をなしうるも、しかし財宝によっては不死は得られない。」と答えて、不死にかんする教義を説きあかす。

かれはいう、――われわれの経験するありとあらゆるものは、アートマン（すなわち本来の自己）にほかならない。アートマンは「偉大なる実在」とも呼ばれる。ありとあらゆるものはアートマンのはきだしたものである。それはあたかもしめった薪《まき》に火をつけると、その煙が別々の方向にたちのぼるようなものである。

かれはいう――「ああ、実に夫を愛するが故に、夫がいとしいのではない。アートマンを愛するが故に、夫がいとしいのである。ああ、妻を愛するが故に、妻がいとしいのではない。アートマンを愛するが故に、妻がいとしいのである。」と。つづいて子孫・財宝・家畜・バラモン・王族・もろもろの世界・神々・ヴェーダ・生きものなど、一切のものを愛するが故に、それらがいとしいのではなくて、アートマンを愛するが故に、それらがいとしいのであるという。

ここにいうアートマンとは、利己的な小さな自我のことではなくて、一切の存在のねもとにあると考えられる大我のことである。かれはいう、「実にアートマンがみらるべく、きかるべく、考えらるべく、熟思せらるべきである。実にアートマンがみられ、きかれ、考えられ、認識せられたならば、この一切は知られたことになる。」と。「それは、あたかも、太鼓をうつときに、その外側にでる音をとらえることはできないが、太鼓あるいは鼓手をとらえることによって、その音を捉《とら》えうるようなものである。」と説いている。

ところで、アートマンは一般の事物と同じ資格における認識の対象ではありえない。アートマンは純粋の叡智《えいち》である。それは内もなく外もない。あたかも、塩の塊が内もなく外もなく、全く味の団塊にすぎないのと同様である。したがって、アートマンは積極的な概念をもってこれこれのものだ、とのべることのできないものである。しかし単なる無ではない。それは認識の主体である。アートマンはそれによってこそ、人がこの一切のものを認識しうるところのものである。したがって、アートマンそれ自身は、もはや何ものによっても認識されえない。それは把捉しえざるものであり、不可説である。もし強いて言語をかりていい表わそうとするならば、ただ「そうではない、そうではない。」(neti neti) と否定的に表現しうるのみである。それは破壊されることもなく、汚れに染ることもない。それは不死である。われわれの肉体はもろもろの元素から構成されていて、それらが分解すると、肉体は消失し、死後には意識は存在しないといった。

この教えをきいて、妻マイトレーイーは驚いていう。

「あなたは「死後には意識は存在しない。」などといって、わたくしを迷わせました。」と。とんでもないことをいう、と思ったのであろう。

これに対して、ヤージニャヴァルキヤはいった。

「わたしは何も迷わすようなことを言ったのではない。実にこのアートマンそのものは不滅であり、断絶することがない。われわれの日常生活においては、主観と客観との二元的対立が存するから、認識の主体が対象をみ、嗅《か》ぎ、あじわい、語り、きき、思い、ふれ、認識している。しかし人がアートマンを自覚して、その人にとっては、一切がアートマンとなったときには、もはや何ものをも見、嗅ぎ、あじわい、語り、きき、思い、ふれ、認識することがない。一切の対象がわれと一体となっているのである。それを悟った人は不死の境地にある。」

かくのごとく説いて、ヤージニャヴァルキヤはいずかたへか飄然《ひょうぜん》と去っていったという。

三、倫理の成立する基礎

アートマンは、この世界ならびに一切の存在を、その内部にあって支配するものである。

ヤージニャヴァルキヤ

このアートマンをヤージニャヴァルキヤは他の対話において内制者（antaryāmin）とよんでいる。それは「この世界ならびに一切の存在を、その内部にあって支配する者」である。

「他のものにみられることがなくて、しかもみずからみる者である。他のものにきかれることがなくて、しかもみずからきく者である。他のものに考えられることがなくてみずから考える者である。他のものに認識されないでみずから認識する者である。かれのほかにみる者・きく者・考える者・認識する者は存在しない。これがすなわち、汝《なんじ》のアートマン・内制者である。その他のものはすべて苦悩をもたらすのみ。」

ところでわれわれが、苦しみ悩みの生存を脱するためには、アートマンの真実の認識によらねばならぬ。そのためには子孫・財宝・世間に対する欲望をすてて托鉢乞食《たくはつこつじき》をおこない出家遊行の生活にはいり、罪悪・汚れ・疑いをさり、真実のバラモンとなることが必要である。かれの身体はなおのこっているが、それはあたかも蛇の脱皮が生命《いのち》なく脱ぎ棄てられ、蟻づかの上に横たわっているようなものであると教えた。

さて哲人ヤージニャヴァルキヤは、世俗の生活を脱《のが》れでたところに、絶対の意義をみいだそうとしたのであるが、しかしむしろ世俗の生活のうちにこそ、絶対の意義をみいだすべきではないか、という主張も成立する。ウパニシャッドを奉ずる思想のながれにおいては、近世にいたって、ヴァッラバ（Vallabha　一四七三―一五三一）は世俗の生活のうちにこそ、アートマンが実現さるべきであり、結婚によってつくられる家庭生活が、あらゆる生活のうちでもっともすぐれていると主張した。近代インドの思想の動きをみると、大体ヴァッラバの主張した方向にむかって動いていきつつある。

ウパニシャッドの哲学は、人間の実践倫理を形而上学的《けいじじょうがく》に基礎づけるものである。アメリカのサンスクリット学者エジャトンも主張しているが、「自分がして貰《もら》いたくないことを、他人にたいしてしてはならぬ。」という黄金律は、多くの宗教でとくところである。しかしそれについて他の諸宗教では、人間の自然の感情に訴えるだけであるが、これに反してウパニシャッドの哲学においては、各人の霊魂あるいは真の自己は、宇宙の大きな自己と同一であるということから、論理的にみちびきだされる。自分の自己は、他人の自己と一体なのであるから、もしも人が他人をそこなうならば、実は自分自身をそこなうのである。だからこの思想的立場にたつと、自己を愛することとは他人を愛することにほかならず、自己と他人とが一体となるのであると、といている。

四、義務をはたす

汝の専心すべきことは、ただ行動のうちにのみある。決して結果のうちには存在しない。行動の結果に左右されることなかれ。

バガヴァッド・ギーター　伝説によるとヴィャーサ（Vyāsa）仙人がこの詩篇の著者であるというが、実際の著者は不明である。西紀前一・二世紀ころに編纂《へんさん》されたらしい。

むかしのインド人は数多くの宗教聖典をのこしてくれているが、それらのうちでインド精神を代表しうるものをただ一つあげよ、というならば、何人《なんぴと》もバガヴァッド・ギーターを推すであろう。

バガヴァッド・ギーター（Bhagavad-gītā）は、歴史的な大きな叙事詩マハーバーラタの中に編入されている一つの詩篇であり、詩の文句がほぼ七百頌《じゅ》あるが、後代のインド教徒は、これを最上の聖典として尊崇している。略して単にギーターとよぶこともある。ほぼ西暦紀元前二世紀から一世紀のころにつくられたと考えられている。

近代西洋にこの書が紹介されると、知識人のあいだに驚嘆の念をおこさせた。ドイツの哲人ヴィルヘルム・フォン・フンボルトはこの詩を激賞して、世界でもっとも深い、またもっとも美しい哲学詩であるといい、自分がこの詩をよみうるまで生き永らえた運命をよろこぶという感想をもらしている。

のみならず、イギリスの統治下に永らくくるしめられていたインド人が、インドの独立を戦いとるために、この書を精神的なよりどころとあおぎ、独立運動の志士たちはこの書に対し、しばしば解説を著した。

いまこれからその内容を紹介しよう。


叙事詩マハーバーラタの主題とされているバラタ（Bharata）族の戦争は、クル（Kuru）国の百人の王子とパーンドゥ（Pāndu）という王の五人の王子とのあいだにおこなわれたものである。かれらはたがいに従兄弟《いとこ》の間柄であるが、勢のおもむくところ、ついに戦場にあいまみえ、死闘をかわすこととなった。いまや大会戦が開始されようとするとき、パーンドゥの一人の王子であるアルジュナ（Arjuna）は、骨肉相食《あいは》むこのあさましい運命をなげき悲しみ、自分ののっている車の御者クリシュナ

(Kṛṣṇa、実は最高神ヴィシヌの権化) にむかって悶々《もんもん》の情をうったえた。

「戦においてみずからの親族をころしてなんの善をか望みえよう。」(一・三一)

「ああ、王権・福楽の私欲のためにわが一族をほろぼそうとつとめるのは、すなわち大きな罪悪をおかそうと決心したことではないか。」(一・四五) といった。アルジュナの煩悶するありさまをみて、御者のクリシュナはひるむアルジュナを激励して、なんらの躊躇《ちゅうちょ》なしに即刻戦場におもむくべきであるとつげる。かれは教えていう、——この戦は「正義の戦争」である。正義の戦に身をすてることは武士の本望である。戦闘をさけてはならぬ。

「汝自身の本務のみをみよ。決して戦慄《せんりつ》することなかれ。なんとなれば武士族にとっては、正義の戦よりもよいものは存在しないからである。」(二・三一)

いやしくも武士たるものは、死力をつくして戦うということのうちに、その本務 (svadharma) が存する。義務をはたすためには一切を放擲《ほうてき》しなければならないという。このような義務観においては、必然に自己の本務をはたすことが中心問題なのであり、事の成否はあえて問題としない。

「汝の専心すべきことは、ただ行動のうちにのみある。決して結果のうちには存在しない。行動の結果に左右されることなかれ。」(二・四七) と教えた。従来のバラモン教ではこれこれの祭をおこない、あるいはこれこれのよいおこないを実行すると、これこれのよい果報がえられるといて、よい果報をめあてに善をおこなうように、人々をすすめていたのであるが、ここでは、ただ義務であるが故に、義務を実行すべきであり、他のものをめざしてはならない、という思想が強調されている。

五、信仰

信仰心をもってわれを拝する者があるならば、かれらはわれのうちにあり、またわれもかれらのうちにある。

バガヴァッド・ギーター

さてバガヴァッド・ギーターの話をつづけよう。

アルジュナは、かれの車の御者であるクリシュナのこの語をきいて、この戦の意義を理解したのであるが、しかしかれの胸中にはなお暗いかげがのこっていて、心の煩悶がのぞかれない。そこでクリシュナはアルジュナにたいして、次に最高の人格神ヴィシヌの信仰による救済をあかす。

この書においては、ヴィシヌ神はブラフマンおよび最高我と、同一とみなされているが、それ自体は不生・無始・不壊であり、世界の大主宰神であって、クリシュナはその権化である。すなわち人々を救うために、人間のかたちをとって現れでたものである。ヴィシヌ神は、全世界を創造するとともに、また帰滅せしめるもとのもの、根本原質（prakṛti）であり、万有の生起・存続・帰滅をつかさどる。現に万有の監視者・支配者として活動し、一切のいきものの心臓のなかに存在し、その霊力（māyā）によって、一切のいきものを、あたかも廻転機《かいてんき》にのせたかのごとくに廻転せしめる。個々の個我（jīva）は最高我から現れでたものであり、最高神の一部分（aṃśa）である。最高神は最上の人（puruṣottama）として、人格的に考えられている。かれは一切のいきものにたいして、恩寵《おんちょう》をめぐみ、救済をおこなうから、この最高神にたいして熱烈な信仰をいだくべきことを強調している。

「もし人が信愛、すなわち愛をこめた信仰をもって一葉・一花・一果もしくは一掬《いっきく》の水をわれにそなえることがあるならば、敬虔《けいけん》な心ある人が信仰心もてそなえたものを、われは受納しよう。」という。

ここにあげられている供え物は、日本で仏壇にお供えするものと大体同じである。生きものを殺して供えてはならない。いかなる粗末なものでも、純粋の信仰心をもって供えるならば、神はよみしたまう。尊ぶべきは信仰である。

さらにヴィシヌ神はといていう。

「われは一切の生きものにたいして平等である。われにとっては憎むべきものもなく、また愛すべきものもない。しかし信仰心をもってわれを拝する者があるならば、かれらはわれのうちにあり、またわれもかれらのうちにある。」

という。救う神と救われる人間とが、たがいに相手のなかに自己を没入してしまうのである。

最高神の前においては、一切がゆるされる。

「ひとえにわれに帰依せよ。われは汝を一切の罪悪から解脱せしめるであろう。」

という。

この神は善人を救済するために、また悪人を絶滅するために、それぞれの時期に権化のかたちをとって生れでるが、かれに信仰帰依するならば、悪人といえども救われる。すなわち正義の神として邪悪を罰するが、しかし悪人をも救うのである。したがってひとが熱烈な信仰によって最高の神の恩寵にあずかり、最高の神の本性を知るならば、輪廻《りんね》の世界を脱する。解脱した者は最高の神と本質をひとしくするにいたる。

かかる教えをきいて、アルジュナ王子は「わが覚悟はきまった。疑惑はすでにさった。」といって、心の不安をさって、欣然《きんぜん》として戦場に出陣し、てがらをたてたという。

この書は実にインド人にたいしては、安心立命をあたえるものであった。九世紀に西北インドのカシュミールの国王アヴァンティヴァルマン（Avantivarman）は臨終にこのバガヴァッド・ギーターを始めから終りまでよんでもらい、しずかにヴィシヌの天国を思いうかべながら、息をひきとったという。

六、他の神々をゆるす神

他の神を信奉し、信仰をそなえて祭る者ども――、かれらもまた（実は）われのみを祭るのである。

バガヴァッド・ギーター

ギーターにとかれる最高神は、他の神々をねたむ神ではなくて、他の神々をゆるす神である。

「いかなる信者が信仰をもって、（神の）いかなる身体を崇拝しようとのぞんでも、われはそれぞれの（信者の）その信仰を不動ならしめる。」（七・二一）

すなわち、もろもろの神々は、最高神がすがたをあらわした一つの身体にすぎないのであるが、その一つの身体をおがむならば、その信仰をして効果あらしめるものとする、というのである。

「他の神を信奉し、信仰をそなえて祭る者ども――、かれらもまた（実は）われのみを祭るのである。たとい祭式の規定にかなわずとはいえ。」（九・二三）

他の神々を拝んでいても、実はヴィシヌ神を拝んでいることになるというのである。

こういう広い立場にたつと、他の諸宗教を排斥することがない。もろもろの宗教乃《ない》至《し》思想の対立相剋《そうこく》をこえて、他のものの独立な存在をみとめる寛容の精神が、ここに基礎づけられることになる。独立運動の指導者ガンジーは、ギーターを無上の聖典としてあおぎながらも、夕べのいのりには回教のコーラン、キリスト教の聖書、シク教の聖典の文句をとなえていたし、場合によっては南無妙法蓮華経《なむみょうほうれんげきょう》をとなえたこともあるというが、それはこうした哲学的自覚にもとづくのである。

まだこの書のうちには、種々の教えがとかれていて要約しがたいが、ともかく最高の神の恩寵によって四の階級のすべてが救われうるといている。これは従前のバラモン教にたいする改革的態度である。

従来のバラモン教では四つの階級、すなわち第一に司祭者であるバラモン、第二に武士族、第三に庶民、第四に労役に服する隷民、という四つの階級の区別をみとめ、上の三つの階級は宗教としてのバラモン教の恩恵にあずかりうるが、最下の隷民は宗教的な恩恵にあずかることができないときめていた。ところが、ギーターは最下の階級のものでも救われうるとといている。故に支配する人々と支配される人々、上層の人々と下層の民衆、という対立や区別をはなれて、ギーターはすべてのインド人にあおがれている。のみならず、西洋人にも愛読されている。例えば、アメリカのユニタリアンの教会では、ギーターについて講演がなされているほどである。

七、個我と最高我

個我は最高我の部分である。

バーダラーヤナ　西紀前一世紀。ブラフマ・スートラより。

インドのもろもろの哲学学派のうちで最も大きなものはヴェーダーンタ学派であるが、その根本経典が「ブラフマ・スートラ」別名「ヴェーダーンタ・スートラ」である。著者はバーダラーヤナとつたえられている。しかしこのスートラは実際は四〇〇―四五〇年に編集されたと考えられる。

このスートラの文句は非常に簡潔であるから、註釈《ちゅうしゃく》のたすけをかりなければ、理解することが困難である。これにたいしては古くはシャンカラ（八世紀前半）およびバースカラ（八世紀後半）が註解書をあらわし、またインド教諸派の開祖、たとえばラーマーヌジャ（一〇一七―一一三七）、ニンバールカ（一〇六二―一一六二）、マドヴァ

（一二三〇年ころ）、ヴィシヌスヴァーミン（一三世紀）などもみな註解書をあらわし、いずれも今日につたえられているから、表面的にはインド教諸派から遵奉されているわけである。

このスートラ全体は四編一六章よりなる。まず第一編第一章一―一九では全体の総論をのべて、それから次に、諸ウパニシャッドの中の個々の個所についての考察をのべている。第二編第一、二章では他の諸学派にたいする論難攻撃をのべ、第三、四章では現象世界および個我をろんじ、第三編の第一章では輪廻《りんね》の状態、第二章では個我と最高我との関係、第三章では念想論、第四章では、修行者の実践生活をのべ、第四編では真理の認識と解脱との問題をろんじている。

次にブラフマ・スートラ自体の思想を簡単に紹介しよう。ウパニシャッド聖典のなかには種々異なった説明の文句があるが、しかしそれらの趣意がいずれも絶対者ブラフマンを教えるものであるということにかんしては、一致している。このブラフマンは諸ウパニシャッドにおいてアートマンと同一視されているが、また内我・知慧《ちえ》我などとも称せられている。それは万有に内在し万有を支配する中心原理である。それは無限・常住・不壊《ふえ》である。

このブラフマンは世界原因である。万有の生起と存続と帰滅とのおこるもとのものであり、万有の母胎である。それは根本質料因であるとともにまた動力因でもある。すなわち世界創造の積極的な意欲を有し、思念しかつそれを実行する人格的原理である。また世界創造の形相因はことばであり、その目的はブラフマンの単なる遊戯にすぎない。ブラフマンは一切の能力を有するものであるから、世界開展は「自己を作り出すこと」にほかならない。

世界開展が成立するときには、ブラフマンから虚空が生じ、虚空から風、風から火、火から水、水から地が生起する。開展した世界はブラフマンに依存し、それと不離である。この現象世界はそれから非常に長い期間にわたって存続したあとで、やがてはブラフマンの中に帰入して、もとどおり滅無に帰する。その際には世界創造の場合とは逆の順序で諸元素がブラフマンの中に帰入する。

ブラフマンは有であり、また純粋知であるとされているが、この純精神的原理がいかにして非精神的な物質世界を生じうるか、ということが問題となるが、スートラは精神的なものである人間から非物質的な毛髪やつめの生ずるようなものであると答える。またブラフマンがかかる不完全な世界をつくったという点で不公平と無慈悲の欠点が存することになるではないか、という非難にたいしては、最高神たるブラフマンは過去世においてそれぞれ個我のつくった善業と悪業とを考慮して、もろもろの個我の種々さまざまな境遇状態をつくりだすのである。ゆえに、かかる非難はあたらない、と答える。

個我は最高我の部分である。したがって最高我と別異でもあるが、また不異でもある。

人生の目的は明知によって解脱を達成することである。解脱とはブラフマンとの結合であり、われわれの存在の根源に安住することである。個我が修行の結果ブラフマンと合一すると、「無区別」になる。自己がそのまま支配者となり、欲することがそのまま実現される。たとえば、解脱した人がもしも父祖にあおうとするならば、思っただけで直ちにあうことができる。

ヴェーダーンタ学派と姉妹関係にあるものとしてミーマーンサー学派がある。これはバラモン教でおこなう祭祀《さいし》の意義を哲学的に基礎づけ論究する学派であり、その開祖はジャイミニと称せられる。この学派の根本経典は「ミーマーンサー・スートラ」であるが、西紀一〇〇―一五〇年ころに編集されたと考えられる。

サーンキヤ学派は純粋精神と根本物質という二元の対立交渉から現象界があらわれでるとといている。開祖はカピラ（西紀前三五〇―二五〇年ころ）とされているが、古い典籍はすべて散逸し、現存最古の典籍はイーシヴァラクリシュナ（自在黒、四世紀）の「サーンキヤ頌《じゅ》」であり、七二頌または七三頌よりなる。『サーンキヤ・スートラ』という書もあるが、それは一五世紀につくられたもので、はるか後代にぞくする。

ヴァイシェーシカ学派は実体・属性・運動・普遍・特殊・内属という六つのカテゴリー（六句義）によっていっさいの事物を説明しようとする。この学派の開祖カナーダはおそらく西紀前一五〇―五〇年ころの人であるが、西紀五〇―一五〇年ころにこの学派の根本経典『ヴァイシェーシカ・ストーラ』が編集された。

ニヤーヤ学派は論理学的考察を主とする学派である。開祖はガウタマ（五〇？―一五〇）という人であるが、この学派の根本経典「ニヤーヤ・スートラ」は二五〇―三五〇年ころに編集された。

以上「スートラ」と称せられる根本典籍は「ブラフマ・スートラ」と同様に、多数のきわめて簡潔な文句から構成されている。

八、精神の統一

ヨーガとは心のはたらきの止滅である。

パタンジャリ　ヨーガ派の根本聖典。ヨーガ・スートラの著者としてつたえられる。この聖典が編纂されたのは西紀四〇〇年から四五〇年頃と考えられている。ヨーガ・スートラ一・一・二。

精神統一の修行のことを、インド一般に通ずる名称としてはヨーガ（yoga）という。インド人一般のおこなう宗教的実践としてヨーガはとくに重要である。ヨーガとは「結びつけること」という意味で、英語の yoke（軛《くびき》）も同じ語源に由来すると考えられている。心を一つの対象に結びつけること、つまり精神統一の修行をいうのである。

このヨーガの修行は、インドのどの宗教にもほぼ共通である。仏教の禅定《ぜんじょう》も、またヨーガの修行から発展し、あるいはそれをうけいれ、純化せしめたと考えられる。

ヨーガの起源をどこまでたどりうるか不明であるが、西紀前三〇〇〇年から二〇〇〇年ころに栄えていたといわれるインダス文明の遺品のなかから、のちのインド教のシヴァという神が禅定を修しているようなすがたの浮彫がみつかった。もしそれが禅定を修していたすがたであるとすると、ヨーガの修行はこの太古の時代にまでさかのぼりうるわけである。

文献についてみると、ヨーガの修行は西暦紀元前のウパニシャッドのなかにあらわれるし、仏教徒やジャイナ教徒もこれをおこなっていた。しかしそれの実践を専門とするのは、ヨーガ学派といわれる学派である。それは、バラモン教の系統にぞくする六つの哲学学派のうちの一つである。

そこで次にこのヨーガ学派について検討したいと思う。

ヨーガ学派はヨーガの修行によって解脱に到達することを教える学派である。その根本経典であるヨーガ・スートラ（Yoga-sūtra）の編纂者はパタンジャリ（Patañjali）という人であったとつたえられているが、西紀四〇〇年から四五〇年ころにいまのように編纂されたと推定されている。簡潔な文句よりなる。この学派には仏教の影響もみとめられるが、しかしその形而上学説は大体においてサーンキヤ学派という哲学学派の形而上学説とほぼ同じであり、純粋精神と根本物質という二つの原理をたてている。ただヨーガ学派では最高の神をみとめる点がことなっている。ヨーガ学派によると、最高の神は一個の霊魂にすぎない。それは個我としての多数の霊魂のなかで、ただ一つ威力にみち、完全性をそなえている。それは一切の者を支配するが、しかし世界創造はおこなわない。またこの学派ではサーンキヤ学派以上にヨーガすなわち精神統一の修行のしかたを詳しく規定している。

インドではきわめて古い時代から、森林樹下などにおいて、静坐《せいざ》瞑想《めいそう》にふけることがおこなわれていた。その起源はおそらくインダス文明時代の原住民のなかにもとめられるらしい。はじめのうちは、その境地をたのしんで、安楽をもとめていたのであろうが、後には次第に宗教的な意味がつよめられて、意を制御する実践法として尊重せられた。日常生活の相対的な動揺をこえたかなたに絶対静の神秘境があり、その境地においては絶対者との合一が実現されると考えた。かかる修行をヨーガとよび、その修行をおこなう人をヨーガ行者（yogin）といい、その完成者をムニ（muni 牟尼）と称する。かかる神秘的境地は多くの学派にとって、解脱の境地と一致するものであるから、インドの各学派ともヨーガの修行を実践法として採用している。

ヨーガの語義は心の統一をなすことである。「心の作用の止滅」の意味である、と根本経典に規定している。したがって、外部的な束縛をはなれるとともに、さらに内部的な心の動揺をしずめなければならない。まず閑静な場所をえらんで、そこに坐し、坐法にしたがって足をくみ、呼吸をしずめて心の散乱をふせぎ、五官をせいして誘惑をさけ、さらにすすんで心の集中にうつらなければならない。そのための準備的条件として制戒と内制とを修する必要がある。

(1)制戒（yama）とは不殺生・真実・不盗・不婬《ふいん》・無所有という五戒をたもつことであり、

(2)内制（niyama）とは、内外の清浄と満足と苦行と学修と最高の神に専念することである。日常生活にかんして、かかる準備をおこなったうえで、精神を統一する修行にはいる。

(3)坐法によって身体を安定不動ならしめ、

(4)調息によって呼吸をととのえ制し、

(5)制感によってもろもろの感覚器官を対象からはなし、

(6)総持によって心を一箇所に結合し、

(7)静慮《じょうりょ》（禅定）によってねんずる対象にわれわれの観念が一致し、

(8)三昧《ざんまい》（samādhi 等持）によって対象のみがかがやいて心自体は空のようになる。

以上をまとめてヨーガの八実修法という。三昧にもなお浅い、深い、の区別があって、有想三昧と無想三昧とにわかれる。前者は対象の意識をともなう三昧であり、まだ対象にしばられ制せられているし、また心作用の潜在力をもっているから、有種子三昧ともいわれる。しかるに無想三昧にはいると、もはや対象の意識をともなわず、対象にしばられることなく、そこにおいては心作用の余力をもまったく滅しているから、これを無種子三昧ともいう。これが真のヨーガであり、そのときプルシャ（純粋精神）は観照者として、それ自体のうちに安住する。

いまのインドにも、ヨーガの修行者がいる。たとえばわたくしは宗教都市ベナレス（ワーラーナシ）でみかけた。茨《いばら》をつんだなかに灰色の屍体《したい》がみえる。これから火葬にふするのかと思ったら、よくみると屍体がピクピクうごくではないか。それは体に灰をぬったヨーガ行者なのである。ヒマラヤ山の奥には、まじめなヨーガ行者がいまなおいるということである。

ところで、ヨーガの修行がインドの諸宗教にあまねく採用されているということは、それがインドの風土に生れついているからであろう。インド人がヨーガをこのむということは、その風土的特殊性から理解されねばならない。

まず第一に考えられることは、インドの暑熱である。これはわかりきったことであるが、具体的な経験にぶつかると、しばしばわれわれ日本人の想像をぜっするようなことがある。

　インドでもっとも暑さがきびしいのは、五、六、七月のころである。その暑さはわれわれ日本人にとってはたえがたい。日本では暑熱のころには、戸・障子をあけ、できるだけ通風をよくするならば、風のでいりによって、われわれはいくらかすずしさをかんじることができるわけである。ところが、インドでは正反対である。暑熱がはなはだしくなると、窓という窓、戸口という戸口をすべてとざしてしまう。それだけにとどまらず、窓や戸口では鎧戸《よろいど》をしめたり、カーテンをおろしたりしてとじこめてしまう。もしあけておいたならば大変である。熱風が外からはいってくるので、炎熱地獄の責苦をうけることになる。だから一般インド人はすべて窓や戸口をとざして、なかでじっとしている。そうして涼《りょう》をとるためには、す焼きの瓶《かめ》にもった水をすこしずつのむ。それは蒸発熱の関係で水をつねにつめたい状態のうちにたもっているのである。そこでは体をうごかすことは勿論《もちろん》、心を活動させることさえも、ものうい。だから精神的にも物質的にも、なにもせず、なんら妄想をはたらかさぬのがよい。人々はじっと静止したまま瞑想《めいそう》にふけり、思いをとおきかなたにはせることになる。インド人の瞑想的・形而上学的な性格は、こういうところから理解されねばならない。

　ところでヨーガの実践も後代になると、ますます複雑なものとなって、無理な姿勢で実行するようになった。これをハタ・ヨーガ（Hatha-yoga）という。たとえば、片足でたち、他の足と両手とをながくのばして、何時間もたちつづけるとか、左の足首を右のももの上におき、右の足首を左のももの上におき、右手を脊中《せなか》にそってのばして左膝《ひざ》にふれ、反対に左手を脊中にそってのばして右膝にふれるという、曲芸のようなことをする。両肩で逆立ちしたり、孔雀《くじゃく》のように両掌《りょうて》で立ったりする。こういう曲芸のようなところが、案外アメリカ人をひきつけるのだが、ヨーガにこったあまり、足の骨をおった学生がいる。無理はしない方がよい。

ヨーガの修行は健康にもよいらしい。地質学の専門家で、カリエスの病に悩み、のちにヨーガ行者となって全快した人に会ったことがある。

九、ヨーガと禅

坐禅は安楽の法門なり。

道元《どうげん》『普勧坐禅儀《ふかんざぜんぎ》』より。

仏教でも禅定をとくが、中国・日本の禅となると、ヨーガと似たところはあるが、しかしおおいに趣きをことにしている。禅とはサンスクリットの dhyāna ということばの音をうつしたのであるが、思うこと瞑想することという意味である。

仏教では世界創造者とか、世界最高の神をみとめながら、それをねんずるということもない。ただ無念無想となり、邪念をのぞくことをめざすのである。そのために特別の観念をこらすこともあるが、しかし最高の人格神をねんずるということはない。さらにすわりかたについても曲芸のようなことはおこなわない。ただ足をくんでしずかに坐するだけである。「坐禅は安楽の法門なり。」といわれるように、苦行であってはならない。

道元は坐禅のしかたをのべた『普勧坐禅儀』という短い書のなかで、「いわゆる坐禅は習禅《しゅうぜん》にはあらず、ただこれ安楽の法門なり。菩提《ぼだい》を究尽《ぐうじん》するの修証なり。」

という。坐禅とはさとりをうるための手段としてならうのではなくて、それがそのままさとりをきわめている究極の境地である。それ自体が安楽のおこないである、というのである。

また、ヨーガでは不思議な神秘力の獲得をとくし、それも実際に修行するとある程度までは可能なようであるが、禅ではそういうことは邪道であると考える。むしろ、われわれが日常御飯をたべ茶をのむというようなありふれた生活に偉大な神秘があるととく。

とくに中国の禅宗では「禅というは、本性をみるを禅となす。」といって、ただすわっていることだけが禅なのではないという。禅の六祖慧能《えのう》も、行住坐臥《ざが》、つねに真《まこと》をたもって心のまっすぐなことを、禅の真実の意義であると教えている。しからば道を歩いていても、床《とこ》の上でねていても、人は禅を実践できることになるのである。ここにおいて禅が現実生活にいかされてくるのである。

一〇、神は人間のうちにある

神をもとめるのですか？　それなら人間のなかにおもとめなさい！

ラーマクリシュナ　インドのベンガルにあらわれた宗教家。一八三六年生、一八八六年没。

古代インドの智慧が現代において指導的意義を発揮するためには、最近代の思想家の生活と思想のうちにそれがあらわれていなければならない。この点でとくに注目すべきは、前世紀（一九世紀）のインドの宗教家ラーマクリシュナと、その弟子ヴィヴェーカーナンダとである。

実に現代インドにおける最大の教団で世界的に活動をしめしているのは、ラーマクリシュナ教団（The Ramakrishna Mission）である。ラーマクリシュナ（Rāmakṛṣṇa）は、一八三六年にベンガルのバラモンの家に生れ、敬虔な宗教的雰囲気のうちにそだった。

かれは学問はなかったが、異常な神秘的霊感にとむとともに、近代の西洋思想の影響をうけているという点でも注目すべきである。諸種幾多の宗教の実践生活を体験して、神と一体になったといわれる。そうして、すべての宗教はみな意味のあるものであり、ただ同じ根本の真理のことなった面をしめしているにすぎない。教理や教義に執着するのはうえた人に石をあたえるようなものである。人々には愛と奉仕の精神をもって対しなければならない、とといた。とくにかれにおける神の観念は注目すべきである。

そもそも現実の問題として、神はどこにもとめたらよいのであろうか。ラーマクリシュナによると、神は人間のうちにあらわれる。

かれはいう、「神をもとめるのですか？　それなら人間のなかにおもとめなさい！　神は他の何物よりもよく人間のなかにあらわれています……実際は神はすべての物のなかにいます。しかしそれらの物には、かれの力のあらわれに多少があります。人間のなかに化身した神は、肉体にあらわれたもっとも顕著な神の力です……、人間は神の最大のあらわれです。」

だから、かれによると、われわれは人を愛すれば愛するほど、われわれは神にちかづくのである。

かれの門弟の一人の娘が、悲しんでかれにうったえた。自分は祈禱《きとう》をするときに、気がちって、心を集中することができません、と。ラーマクリシュナはたずねた。

「あなたが世のなかでいちばんすきなものはなんですか？」

かの女はこたえた。

「それは兄の幼児です。」

するとかれはやさしくいった。

「じゃ、かれにあなたの考えを集中なさい！」

そこでかの女はいわれたとおりにした。すると、幼児をとおしておさないクリシュナ（Kṛṣṇa）をみた、という。クリシュナは伝説によると牛飼いのおさないこどもであるが、最高の神ヴィシヌの権化だと考えられている。実におさないこどものすがたは神のすがたであるといってもよいであろう。

一一、神のすがた

わが神、貧しき者よ。わが神、病める者よ。わが神、無学なる者よ。

ヴィヴェーカーナンダ　俗名をナレーンドラナート・ダッタという。ラーマクリシュナの弟子で、その教えを世界にひろめた人。一八六三年生、一九〇二年没。カルカッタ大学卒業。

ラーマクリシュナは学問にとぼしく、その感化もインドの一部分におよんだにすぎなかったが、これを世界的なものにしたのはかれの弟子であるヴィヴェーカーナンダ(Vivekānanda 一八六三―一九〇二)の努力による。かれは一八九三年にシカゴで開かれた「世界宗教会議」に出席して、もろもろの宗教はいずれも絶対の真理をあかそうとするものであるから、たがいに協調すべきであると主張した。かれは欧米諸国に教えをひろめ、インドへ帰ってから、ラーマクリシュナの教えを社会活動の上に実現するために、ラーマクリシュナ教団という団体を設立した。

「人間は神のすがたであるから、人間に奉仕する活動は神にたいする崇拝にほかならない。」

というラーマクリシュナの思想を推しすすめて叫ぶ。

「わが神、貧しき者よ。わが神、病める者よ。わが神、無学なる者よ。」

富んだ人、健康な人、学問のある人にわれわれがむかうとき、われわれはそこに力のあるたくましい人々をみいだし、畏敬《いけい》の念をもつであろうが、必らずしも神をみいだすとはいえない。かれらは自分の力でたっているからである。しかし貧しい人々、病んでいる人々、無学な人々、かれらは自分の力でたつことができない。こういうすてられた人々、虐げられた人々を神とあおぐべきであるというのである。

一二、他人への奉仕

もし精神の平和がほしいなら、他人に奉仕しなさい。

ヴィヴェーカーナンダ

ヴィヴェーカーナンダは、精神統一をもとめている青年にむかって、「もし精神の平和がほしいなら、他人に奉仕しなさい。」と教えた。「神をみいだすことを欲するなら、人間に奉仕すべし！」ともいう。さてこういう見地にたつと、奉仕の行がすなわち宗教的修行であると考えられる。とくにインドでは、イギリス人は民衆の福利施設のことをあまり考えてくれなかったし、独立後のインド政府も国事多端の折柄《おりから》、困っている人々のための社会事業にはなかなか手がまわらない。ところがラーマクリシュナ・ミッションはその方面で指導的な仕事をしているので、世人の信頼と尊敬をうけている。その活動領域はひろくて、教育・出版・療養・厚生・救護の諸事業において卓越した活動をしめしている。

そうして、この団体は世界的に熱心な活動をおこなっていて、その支部は世界諸国にあるのである。アメリカの大都市には、たいていのところにラーマクリシュナ・ミッションのセンターが設けてある。パリ、ロンドン、南米、南方アジア各地、などいたるところにこのセンターができており、単なるインドの宗教という範囲をこえて、近代的な世界宗教として活発な動きをしめしている。

ビルマ（ミャンマー）ではラングーン（ヤンゴン）に千人も病人を収容しうる大きな病院を経営しているが、ビルマではまったくめだった存在である。

またパキスタンでも盛んに活動している。パキスタンは回教徒の国であり、インドの伝統的な宗教や文化をこのまず、インド教徒は迫害されたり、追放されたりするような実情であるから、わたくしがこの教団の僧に「パキスタンでは、迫害や圧迫がありませんか。」と尋ねたところ、「民衆のために働いている者になんの迫害がありましょう。」との答であった。

人間にたいする奉仕が宗教の本質であるという思想は、ウパニシャッドに由来するものである。他のもろもろの宗教によると、神は人間とはことなるものと考えられ、神と人間とのあいだには絶対の断絶があるとされている。そこでは人間以外のもの、たとえば神、というようなものが、宗教の中心観念と考えられる。ところがウパニシャッドによると、神は人間以外のものではありえない。ウパニシャッドの有名な文章として「汝はそれなり。」という。われと対立する個人存在としての汝が、ただ「それ」という以外にはいいあらわしようのない絶対者と同一である、というのである。人間はいかに汚れていても尊いものであり、人間以外に神をみとめることはできないというのは、古来インド思想を一貫している特徴である。

一三、もろもろの宗教は一に帰す

実在はただ一つであるが、賢き人々はこれを種々によびなす。

リグ・ヴェーダ　インド最古の聖典。

さて宗教の中心は人間そのものであらねばならないということになると、もろもろの宗教が対立してあらそうというのはおかしなことである。もろもろの宗教の教義の相違は絶対者をとらえるとらえかたの相違にすぎない。ところが世人は宗教の教義や儀礼が宗教の本質だと思っている。これはおおきなあやまりである。

ラーマクリシュナはいった。

「わたくしは議論をこのみません。神は議論の力のおよばないところにいます。存在する一切のものが神であるのをみます。それなら議論をしてなんの役にたちましょう？」

かれは形而上学や神学を排斥し、また「神を儀式のあみで捕らえることはできない。」といって、儀礼重視の態度を排斥している。

これについて、わたくしはニューヨークにあるラーマクリシュナ教団のセンターのことを、おもいおこす。それは一八九四年に開創された三階建の建物で、外部にはインド風の彫刻がほどこしてある。内部の講堂には、正面の祭壇の中央にラーマクリシュナの像がかかげられ、かれの精神的な夫人として尊崇されたシャーラダー・デーヴィー（Śāradā-Devī）とヴィヴェーカーナンダの写真が別の壁にかかっていた。祭壇にはガラスの壺《つぼ》にはいった二つのお燈明があり、その左前方で妙齢の白人の娘さんがただ一人足をくんですわって、身動きもせずにじっと瞑想にふけっていたすがたは、まことに印象的であった。ところでその講堂の壁には、

「実在はただ一つであるが、賢き人々はこれを種々によびなす。」

という文句が英語でしるされてあった。これはインドの最古の聖典であるリグ・ヴェーダ（一・一六四・四六）の文句であるが、インドの宗教家は近代文明の最先端にあるニューヨークにおいて三千年以上も昔のこの思想をいかしているのである。その趣意は、聖人賢者は絶対者のことを、神だとか仏だとか、その他種々の名でよんでいるけれども、絶対者それ自体はただ一つのものであるというのである。そうして壁には

三日月、法輪、オームという字、三角形を二つ組み合せたかたち（✡）、十字架（十）のしるしがしるされてあったが、それらは順に回教、仏教、ヒンズー教、ユダヤ教、キリスト教の象徴である。これらの諸宗教がいずれも真理をめざしているものである、ということを明らかにしようとしているのである。

アメリカには種々ことなった民族や宗教が、ともにおこなわれているので、ことなった思想や宗教にたいする寛容の精神というものが、非常に重要となっている。そうして、それは同時に今後の世界の、またあらゆる国々の問題なのであるから、ことなった思想をうけいれながら、しかも世界の平和を確立するために、ラーマクリシュナやヴィヴェーカーナンダによってとなえられた思想は今後の世界におおきな意味をもつものである。

ラーマクリシュナ・ミッションは、他の同種類の教団の範型となっている。プラナヴァーナンダ（Praṇavānanda）によって一九一六年に創始されたインド奉仕教団（Bharata-sevā-śramā-saṅgha）は、国民主義的な傾向がつよい。ラマナ（Ramaṇa Maharṣi 一八七九―一九五〇）も南インドに修道院を組織して感化のおおきい人であった。

一四、殺すべからず

汝が殺そうと思う相手は、実は汝にほかならない。

マハーヴィーラ　ジャイナ教の開祖。本名をヴァルダマーナという。西紀前四四四年頃に中部インドの商業都市ヴァイシャーリーの北部の村で、王族の子としてうまれた。かれは成長して一婦人と結婚したが、三十歳のとき出家して修行者となり、専心苦行を修した。その結果、大悟をえて、ジナ（勝者、修行を完成した人）となり、三十年間教化《きょうげ》をおこない、七十二歳でなくなった（西紀前三七二年頃。年代に関しては種々異説があるが、仏教の開祖・釈尊《しゃくそん》と同時代であることはうたがいない）。

ジャイナ教はジナ（勝利者、煩悩《ぼんのう》にうちかった人の意）の教えという意味でこうよばれる、仏教と同時に起った宗教で、開祖はマハーヴィーラである。かれは西紀前約六―四世紀のあいだの人で、四四四―三七二年ころに生存していたと考えられる。ジャイナ教はヴェーダ聖典の権威を否認して、バラモン教と対立している。厳格な苦行を修して、霊魂を肉体の束縛から解放して、その清浄なる本性を発揮せしめようとする。出家修行者のみならず、在俗信者までも戒律を厳守し、とくに不殺生戒をまもり、虫一匹も殺さないようにつとめる。かつてはさかんな宗教であったが、現在（一九五〇年代）はおとろえて、信徒も約一二五万人ほどしかいないといわれる。しかし信徒のなかには富裕な商人が多く、前世紀（一九世紀）までのインドの民族資本の過半はジャイナ教徒の手中にあったという。現在では平和運動につとめている。

ジャイナ教聖典のうちもっとも重要なものをアンガとよび、これに十二種あったが、現在では、白衣派によって十一種だけがつたえられている。それらはいずれも半マガダ語という古代の俗語で書かれている。

アンガのうちでもっとも重要なものがアーヤーランガ（Āyāraṅga 聖行《しょうぎょう》支経）であり、修行僧の生活法を規定している。前後二編よりなり、前編はことにふるいが、ともに韻文と散文とがまじっている。その内容は主として修行僧にたいする説教のかたちのものが多い。たとえば、生きものをきずつけることをいましめていう、「われはとく、過去・現在・未来の聖者、尊師らはすべてかくのごとくとき、かくのごとく語り、かくのごとくつげ、かくのごとくしめす、——すべての生きもの、すべての有情、すべての生命あるもの、すべての生存者を殺すべからず、虐待すべからず、害すべからず、苦しむべからず、悩ますべからず。これは清浄にして永遠・常恒なる理法である。」(一・四・一・一)

他人を悩ましきずつけるということは、実に自分を悩ましきずつけることである。「汝が殺そうと思う(相手の)者は、実は汝にほかならない。汝が虐待しようと思う(相手の)者は実は汝にほかならない。汝が害しようと思う(相手の)者は実は汝にほかならない。汝が苦しめようと思う者も同様であり、汝が悩まそうと思う者も同様である。それゆえにこのことをさとって生活する正しき人は殺すべからず、殺さしむべからず。」(一・五・五・四)すなわち人間のみならず、すべての生きものまでもふくめて、もしも他の者を苦しめるならば、その悪のむくいはその当人にふりかかってくる、というのである。

ジャイナ教の教義は仏教のそれとよくにているが、仏教以上に厳重な苦行をおこなう。とくに断食をおこない、断食による自殺を称賛する。無所有の戒律を厳守して、初期の修行者はころもをまとわず、身を暑熱にさらし、蚊、ぶよなどが身をさすにまかせていた。

「賢者はもろもろの解脱なるものを順次に体得して、ゆたかに、知慧あり、無比なるすべてをしって、小食にして（困難に）たゆべし。修行者（比丘《びく》）が（もしも小食のために病気になったならば）、ふたたび食物をとれよ。生をのぞむべからず、死をもとむべからず。生にも死にもいずれにも執着すべからず。冷静にただ業をのぞくことに専心し、三昧《さんまい》をまもれよ。内となく外となく繫縛《けいばく》をすて、もっぱら内心の清浄をもとめよ。そのために、暫時《ざんじ》おのれの生命をささえる手段をみいだしたならば、賢者はその（修行の）時期をうるためにすみやかにこれをもちいよ。修行者は村または森に場所を観察し、生類がいないのをしったならば、藁《わら》をしきひろげよ。そこに飲食しないでやどり、艱難《かんなん》誘惑があっても、これにたえよ。そうして人事にふれることがあっても、あまりに長いあいだまじわってはならない。はう生きもの、あるいは上下をうごく生きものが、血肉をくうことがあっても、これを殺してはならない、（傷口を）擵《ま》してもならない。鳥獣が身をきずつけても座からさってはならない。雑多の威虐に苦しめられても、それをよろこんでたえしのべ。」（一・七・八・一―一〇）

「如実の智《ち》ありて窮《きわま》りなく心を制し、希《け》有の智者なる修行者を、世人は言葉もてはげしくうつ。あたかも戦場の象を矢もているごとく。」

「かかる類の人々にあらくはげしいことばを浴《あび》せられ、苦しめられつつも、智者は心やすらけくたえしのべ。たとえば山岳が風にゆるがないがごとく。」（二・一六）

「かれは実に正智の教えのなかにいる。願望なく、性のまじわりなく道を行ずべし。あたかも、へびが古き皮をぬぐように、かれバラモンは苦の寝床から離脱する。」（二・一六）

その他ジャイナ教の聖典としては、異端説を排斥しているスーヤガダンガ、十人の信徒の物語をのべているウヴァーサガ・ダサーオー、開祖マハーヴィーラの伝記であるカルパ・スートラなどは有名である。後代の書では、ウマースヴァーティ（五、六世紀）の『諦義《たいぎ》証得経』がジャイナ教の教義綱要書としてよくよまれ、シッダセーナ（西紀七〇〇年ころ）の『正理渡津論』は論理学的に重要であり、ヘーマチャンドラ（一〇八八―一一七二）の『ヨーガ論』はジャイナ教徒の実践論をのべたものとして愛読されている。

原始仏教

以下においては原始仏教聖典のなかのことばを紹介する。よって以下に原始仏教聖典の組織のあらましをのべよう。

原始仏教聖典のまとまったかたちのものは、パーリ語でつたえられている。一部分ずつについては漢訳大蔵経のなかに相当経典があり、それらを全部あわせると、ほぼパーリ語聖典全体に相当するものがえられる。サンスクリット語のものは部分的に発見されているだけである。

パーリ語の聖典は、律蔵・経蔵・論蔵という三種類よりなり、これを三蔵という。

一、律蔵。出家修行者のための戒律規定ならびにそれの解説。漢訳「大蔵経」のなかにある「四分律」六〇巻、「十誦律」六一巻、「摩訶僧祇律《まかそうぎりつ》」四〇巻、「弥沙塞和醯五分律」三〇巻、「根本説一切有部毘奈耶《びなや》」五〇巻はこれに相当する。

二、経蔵。釈尊《しゃくそん》の説法を記録したものとされている。これは五部よりなる。

(1)「長部」。比較的に長い経典三四を集録してある。漢訳「長阿含経《じょうあごんきょう》」二二巻がこれに相当する。

(2)「中部」。中位の長さの経典一五二を集録してある。漢訳「中阿含経」六〇巻に相当する。

(3)「相応部」。短い多数の経典を問題別にまとめて集録してある。漢訳「雑阿含《ぞうあごん》経《きょう》」五〇巻に相当する。

(4)「増支部」。教義の諸項目をいくつかの数でまとめたちいさな諸経典を、数の順に集録し排列したもの。漢訳「増一阿含経」五一巻に相当する。

(5)「小部」。これはさらに一五種の部類にわかたれている。この全体に対応する漢訳経典は存在しない。

1.「小誦経」。仏教徒として儀式に朗誦《ろうしょう》すべき要文を集めたもの。

2.「法句経」。のちに独立に紹介する。

3.「感興語」。仏陀《ぶつだ》がさとりの境地からはっした即興詩あるいは即興句八二種に説明をふしたもの。

4.「如是語」。全編が一一二の散文韻文の交錯した部分にわかれ、各部分はかならず最初に「かくのごとく世尊《せそん》によってかたられた」という句をおいている。その内容は相当に古い。漢訳「本事経」七巻はこれに相当する。

5. 「経集」。

6. 「天宮事」。人が善行のむくいとして到達することのできる天上のたのしい世界を描写したもの。

7. 「餓鬼事」。罪業のために死者の霊が苦のむくいをうける記述。

8. 「長老の詩」。

9. 「長老尼の詩」。のちに独立に紹介する。

10. 「本生」。釈尊の過去世の物語。五四七の物語をあつめてある。漢訳「生経」はほぼその一部に相当する。

11. 「解釈」。「経集」の最後の二章の註釈《ちゅうしゃく》。大小二部にわかれ、仏弟子サーリプッタの作としてつたえられているが、他の註釈にくらべて古いから、これを聖典のなかに編入したのである。

12. 「無礙解道」。聖者の心境をのべたもの。

13. 「行蹟」。仏の高弟の前世物語。

14. 「仏の系譜」。釈尊以前に出現した過去二十四仏の伝記物語。パーリ語聖典のうちでは後代の成立にぞくする。

15.「行蔵」。菩薩《ぼさつ》が前世においてパーラミー（波羅蜜《はらみつ》・完全な徳）を実践した物語三五を集録してある。

一五、金銭の誘惑

たとい隷民であっても、もしもかれが財宝・米穀・金銀にとんでいるならば、王族でもバラモンでも庶民でも、かれより先におき、後にねて、すすんでかれの用事をつとめ、かれの気にいることをおこない、かれにたいしてこのましいことばをかたるであろう。

原始仏教聖典

このことばは原始仏教聖典のうちで当時の社会の実情をのべているものであるが、それはまた、現在の複雑な発展した社会にもそのまま適合する。おどろくべきことである。世界宗教としての仏教があらわれたのは、インド社会のあるおおきな変動期においてであった。仏教などの新思想のおこるよりも以前の時代（ほぼ西暦前五〇〇年以前）のインドでは、インド人のうちの主な民族であるアーリヤ民族が、以前から住んでいた他の異民族を支配し、ガンジス川上流地方を中心とする諸地域にインド的な農村を確立し、バラモンを中心指導者として、共通な祭祀《さいし》による精神的結合をなしつつ、ささやかな農耕生活をいとなんでいたのであるが、その後、東方に進出するとともに、社会的、文化的にめざましい変動がおこった。

まず、アーリヤ民族と原住民との混血がおこなわれたために、別種の民族が形成された。かれらはもはや父祖以来の伝統的な習俗儀礼をまもろうとはしないで、ほしいままの、すこぶる自由な態度をとっていた。かれらの定住した地方は、地味肥沃《ひよく》で多くの農産物を産出したために、かれらの物質的生活は次第にゆたかで安易となった。そうして物資が豊富になるとともに、次第に商工業がさかんとなり、多くの小都市が成立した。

最初は、これらの小都市を中心に多くの小さな国家が多数ならんで存在し、貴族政治あるいは共和政治をおこなっていたのであるが、それらは、次第に国王の統治する大国に併合されていった。それらの諸国では、国王が絶対的な支配権をにぎっていた。原始仏教聖典でも、「国王は人間のうちでの最上の者である。」などというが、なぜこのようなことを、わざわざとりたてていったのか、というと、それは、従前のバラモン教では「バラモンはありとあらゆるもののうちで最上の者である。」といていることに対比させているのである。当時の階級はしばしば王族・バラモン・庶民・隷民・チャンダーラ・プックサの順序であげられている。

また、それとならんで当時の新興都市では商工業が非常に発達し、貨幣経済の進展がいちじるしい（考古学的調査によっても、この時代以後貨幣が大量にみいだされる）。都市には膨大な富が蓄積され、商工業者たちは多数の組合をつくり、都市の内部の経済的実権を掌握していた。ここでは経済的実権のある人がすなわち覇者であった。「たとい隷民であっても、もしもかれが財宝・米穀・金銀にとんでいるならば、王族でもバラモンでも庶民でも、かれより先におき、後にねて、すすんでかれの用事をつとめ、かれの気にいることをおこない、かれにたいしてこのましいことばをかたるであろう。」（中部　第二巻）という社会的事実が原始仏教聖典のうちにみとめられている。また悪王にたいして、民衆が蜂起《ほうき》してそれを追放し、あるいは殺したという記事が仏典のなかにあらわれている。いまや旧来の社会制度、とくに階級制度がくずれはじめたのである。

他方、物質的生活がゆたかに安楽になるにつれて、人々はややもすれば物質的享楽にふけり、道徳の頽廃《たいはい》の現象がようやく顕著になった。娼婦《しょうふ》が「都市のかざり」とさえよばれている。

一六、欲楽におけるあやまち

もろもろの欲楽におけるあやまちをみ、離欲こそ安穏であるとみたから、われはすぐれたものにむかおうとする。わが心はそれを楽しむ。

スッタニパータ　四二四。スッタニパータを「経集」ともいう。パーリ語聖典のうちでももっとも古く成立したものである。漢訳「義足経」はこのうちの一部に相当する。

釈尊はこういう時代に生れたのであった。ヒマラヤ山脈のふもと、ネパールの国境にちかいところに、シャーキヤ族の一つの小さな国があった。北方はるかにヒマラヤの雪山をあおぎ、冷風のふきおろす地方であった。そこの国民は水利灌漑《かんがい》による米作を生業《なりわい》とし、政治的には一種の共和制をしき、当時の主権者を浄飯王《じょうぼん》（スッドーダナ）とよんでいた。釈尊はこの浄飯王の長子として生まれたのである。

仏教の開祖であるかれは、普通ブッダ（仏陀）とよばれているが、それは「覚者」

してい ない)。

北方仏教の伝説によって計算すると、かれは西暦前四六三年ころにシャーキヤ族の首都カピラ城にうまれたことになる(異説によると五六四年ともいい、諸学者の説が一定(真理をさとった人)という意味である。姓をゴータマ、個人名をシッダッタという。

周知のように、セイロン(スリランカ)、ビルマ(ミャンマー)、タイ、インドなど南方アジアの諸国では、今年(一九五六年)、政府主催のもとに仏滅二五〇〇年の記念祭典を盛大におこなうが、それは南方仏教の伝説にしたがっているのである。

普通世間ではかれのことを「お釈迦《しゃか》さま」とよぶが、「釈迦」というのは、かれのぞくしていた種族の名である。生後七日で母マーヤー夫人《ぶにん》が亡くなったので、叔母《おば》マハーパジャーパティーがその養育にあたった。かれは当時の王族の教養として必要な、あらゆる学問・技芸をならったが、非凡の才を発揮したといわれている。

かれはその天性と、また母なきさびしさのために、少年時代から深く人生の問題に思いをひそめたといわれる。城の外にあそんでは、老いさらばえた人をみて生の苦悩を痛感し、病人や死人をみてはそぞろに無常のこころをおこしたという。

そこで、父王はかれのゆううつな気持をのぞこうとして、あらゆる手段をこうじた。おおくの美女をかしずかせ、壮麗な宮殿をもうけて、寒暑の悩みをのぞき、ひたすらこの世の歓楽のうちにとどめようとした。十六歳のときには、ヤソーダラーという妃《きさき》をむかえて、一子ラーフラをもうけた。しかし、このような人生のたのしみも、かれをつなぎとめることはできなかった。

ゴータマは、その青年時代の栄華の生活を回想して、次のようにかたっている。

「わたしはこのように富貴にめぐまれ、このように過度の栄華の生活をおくっていた。そのとき、わたしにはふと、こういう反省がめざめた。——およそ無知の凡夫は、みずから老衰の運命をまぬがれないのに、しかも他人の老衰したすがたをみては嫌悪の情をいだく。しかし、かれのかんずるこの嫌悪は、やがて自分自身にむけられてくるではないか。自分もまたこのように老いおとろえる運命をまぬがれないのに、他人のかかるすがたをみて嫌悪の念をいだくとは、なんということだろう。病気や死についても同様である。」と。一度このようにかんずると、青年に特有ないっさいの意気はとみに消沈してしまった。

「ああみじかいかな、人の生命《いのち》よ。百歳に達せずして死す。たといこれ以上長くいきるとも、また老衰のために死す。」(八〇四)

二十九歳のとき、かれはついに意をけっして王宮をでて出家した。

修行にむかう心境をかれは詠じていう。

「もろもろの欲楽におけるあやまちをみ、離欲こそ安穏であるとみたから、われはすぐれたものにむかおうとする。わが心はそれを楽しむ。」

一七、中　道

みちの人よ、出家者が実践してはならない二つの極端説がある。その二つとは何であるか？　一つはもろもろの欲望において欲楽にふけり、下劣・野卑にして凡愚のおこないであり、高尚ならず、ためにならぬものであり、他はみずから苛《さいな》むことにふけり、苦にして、高尚ならず、ためにならぬものである。真人（tathāgata）はこの両極端にちかづかないで中道をさとったのである。それは眼を生じ、知識を生じ、寂静・神通・正覚・ニルヴァーナにむかうものである。

相応部　第五巻

ゴータマ・ブッダは出家して修行者となってから、まずアーラーラ・カーラーマとウッダカ・ラーマプッタという二人の仙人を順次にたずねてかれらの体験した禅定《ぜんじょう》を修した。それは静坐《せいざ》して精神統一をおこない、その功徳によって天にうまれようとするのであった。

しかし、かれはその修行法に満足しえなかった。かれのめざす究極のさとりがえられなかった。そこで次に山林にこもって六年間苦行を修した。その結果、かれの身体はやせおとろえて、色は死灰のようになったが、最高の認識をうることができなかった。

かれはついに苦行は真実の道ではないことをしって、一少女のささげた牛乳をのみ、川で身をあらいきよめ、苦行をすててしまった。気力を回復してから、かれはブッダガヤーというところへゆき、そこにある一本の菩提樹《ぼだいじゅ》のもとに静坐して瞑想《めいそう》し、ついにさとりをひらいて、ブッダすなわち覚者となった。ときにかれは三十五歳であった。

かれがさとりをひらくまでの経過をみるに、はじめのうちは王族の家に長子としてうまれ、当時としては考えうるかぎりの快楽にふけったのである。ところがその生活に嫌悪をかんじ、出家して修行者となり、とくに苦行に長いあいだ専念してしまったが、それも無意義であるとしってすててしまった。だから快楽と苦行という二つの極端な生活のうちのどちらにもとらわれず、中道の立場にたったのである。

それからかれは古来宗教的な聖地であったベナレス（ワーラーナシ）に行って、郊外の鹿野苑《ろくやおん》でかつての苦行時代の友人五人に教えをといて感化した。「鹿の園」とよばれるところは、いまでもベナレスの郊外にあり、美しい芝生がひろがっているが、昔はそこに鹿がいたのであろう。いまはそこに寺院がたてられ、なかの壁画は日本の野生司《のうす》香雪《こうせつ》画伯が筆をとられたものであり、釈尊の生涯がえがかれている。そののちかれは八十歳でなくなるまでの四十五年間に、ガンジス川流域の中インド各地を周遊し、教化《きょうげ》に余念がなかった。

雨期には一箇所に定住して弟子たちとともに修養生活をおくっていたが、その他の時期には各地に赴いて、あらゆる人々に道をといた。そのためにその教団は急速度に増大していった。

初期の仏教の修行者はつよい自信をもっていた。

「この世において死も生も存せざるもの、かれは何をかおそれん、何をか欲せん。」

（スッタニパータ　九〇二）

一八、厭世

われ生きてなんの要かある。

長老の詩　長老の詩（テーラ・ガーター）は一二七九、長老尼の詩（テーリー・ガーター）は五二二の詩よりなる。いずれも原始仏教当時における長老の比丘《びく》（修行者）あるいは比丘尼《びくに》（婦人の修行者）が、感興を詠嘆し、心境を表白したものである。

「『婦女たることは苦しみである。』と、みほとけはおときになりました。夫のあることもまた苦しみです。また一たび子をうんだ人もあります。かよわき身でみずから首をきった者もあります。毒をあおいだ者もあります。死児が胎内にあれば（母子）両者ともにほろびてしまいます。

わたしは、分娩《ぶんべん》のときがちかづいたのをしって（道を）歩んでいって、わが夫が路上に死んでいるのをみました。わたしは、わが家に達しないうちに子をうみました。

両児は死に、夫もまた貧苦のため路上に死に、母も父も兄弟も同じ火葬のまきで焼かれました。

一族滅び、家まずしき女よ！　汝《なんじ》がすでにうけた苦悩はかぎりがない。また汝には幾千の（苦しみの）生涯がつづくことであろう。

それを墓所のうちにみました。子の肉はくらわれました。わたしは一族をうしない、夫をうしなって、世人にはののしられているのです。」

これは、ある尼が往年の自分を回想してかたっている感懐である（長老尼の詩　二一六 f.）。「長老の詩」および「長老尼の詩」のなかには、こういう痛切な個人体験がのべられている。

出家した人は思いなやみながらも修行につとめるのであるが、その結果、なんらかの機縁によって、かれらの不安はふっと解消してしまう。これがさとりである。その機縁となったものは、彼らの告白によると、釈尊にあったことであるとか、教団にはいって教えをきいたことなどが主であるが、その他いろいろであり、一概に概括できない。出家者にたいする誘惑をさけることによってさとったこともある（長老の詩　四五九 f.）。あるいはびくが食物をこうために象の首にのって村落にはいったが、そのとき象の首からころがりおちて、驕慢《きょうまん》な心が善良となったともいう（長老の詩　一九八f.)。またサッバダーサ長老は二十五年間修行したが、心の平静がえられないので、「われ生きてなんの要かある。」と自殺を思いたち、かみそりをとって座席につき、自分の脈管を断つためにかみそりをぬいたときに、ふっと解脱がえられたという(長老の詩　四〇五f.)。これなどは後代中国の禅宗においてさとりをえた機縁の伝説を思わせるものがある。

当時の修行者のきよらかな、すがすがしい心境がいたるところに詠ぜられている。

「いざ、われは仏の称讃《しょうさん》したもうた森林にひとりおもむこう。これはひとり住いて専念する修行者の楽しむところであるからである。花もさかりのすずしの森に、ひややかなる山窟《さんくつ》のなかに、四肢《しし》をあらいおわって、ひとりゆきひとりかえろう。風がすずしくふいて、かおりにおうとき、われは山のいただきに坐して無明をやぶろう。ひややかなる山の斜面に、花におおわれた林のなかに、解脱の安楽を楽しんで、われはよろこばん。」(長老の詩　五三七f.)

こういう修行者には心のわだかまりがない。きよらかな愛情が、すべての人におよぶのである。

「われは万人の友であり、万人のなかまである。一切の生きとし生けるものの同情者である。いつくしみのこころを修して、つねに無傷害を楽しむ。」(長老の詩 六四八)

一九、自己にたよる

自己を灯火《ともしび》とし、自己をよりどころとせよ。

大ニッバーナ経　パーリ文長部のなかにおさめられている一つの経典。釈尊の臨終を叙しているので有名である。漢訳「長阿含経」のなかの「遊行経」および独立の「仏般泥洹経」二巻、「般泥洹経」二巻、「大般涅槃経《だいはつねはんぎょう》」三巻はこれに相当する。

ゴータマ・ブッダは最後にクシナーラーというところで八十歳で亡くなったのであるが、臨終のありさまは原始仏教聖典のなかに、割合にくわしくのべられている。当時首都ラージャガハにいたマガダ国のアジャータサットゥ王は、とぶ鳥をもおとすようないきおいで、まわりの国をねらっていた。となりのヴァッジ国を一気にせめようと考えて、大臣をつかわして釈尊の意見をたずねた。釈尊は大臣にはこたえないで、弟子《でし》のアーナンダに「ヴァッジ国の人々は釈尊の教えをよくまもっているかどうか。」とたずねた。

そこでアーナンダは「ヴァッジの人たちは釈尊の教えられたとおりによく一致和合して、会議をひらいて物事をきめ、むやみに制度をあらためず、長老をうやまい、婦女をくるしめることなく、宗廟《そうびょう》をまつることをおこたらず、宗教家をうやまっています。」とこたえた。釈尊は「ヴァッジ族の人たちがこの教えをまもっているかぎり、その国はほろびることはない。」と断言する。そこでマガダ国の大臣は釈尊の言葉にかんじてかえってしまう。釈尊はこの一言によってヴァッジ族がせめほろぼされるのをすくったのである。

その大臣がかえったあとで釈尊は弟子《でし》たちに、教団がさかえるためにはどうしたらよいかとときかせる。

その後まもなく釈尊はラージャガハをたって、旅にでる。弟子や在家の信者たちに教えをときながら、ナーランダーをへてガンジス川の船着場パータリ村に到着する。この村は、のちには（マウリヤ王朝時代に）インド全体の首都となるが、いま釈尊は未来にこの町の繁栄することを予言する。

釈尊はガンジス川の北にわたり、にぎやかな商業都市ヴェーサーリーの郊外で、有名な遊女アンバパーリーのもつうつくしいマンゴー林に滞在した。かの女は容姿うつくしく、物質的にはめぐまれていたが、孤児で、精神的ななやみをもっていたので、かねてから釈尊に帰依していたのである。

アンバパーリーの林をでてヴェーサーリー町のちかくのヴェールヴァナ（竹林）村に滞在したが、ききんのため多くの修行僧が一箇所にすむことができなかったので、分散して、雨季のあいだ、釈尊は一人で村にとどまった。

この村で釈尊は重い病にかかり、死の苦しみをうける。

「アーナンダよ、いまやわたしは老い、朽ち、齢《よわい》をかさね、旅路をおわり、年をとって八十歳となった。ちょうど古ぼけた荷車が皮ひものたすけによってやっと動いているように、わたしのからだも皮ひものたすけによってやっと動いているのである。」

かく述懐しつつ教えていう。

「しかしアーナンダよ、すべて外面的なものにとらわれず、感官をおさえて、心をみださずにおちつけているあいだは、わたしのからだは無事なのである。」

「アーナンダよ、それだから、汝らは自分自身を灯火とし、自分自身をよりどころとするがよい。他のものをよりどころとしてはならない。真理を灯火とし、真理をよりどころとするがよい。他のものをよりどころとしてはいけない。」

釈尊はその後もなお旅をつづける。そうしてパーヴァーという町で鍛冶工《かじこう》チュンダのささげた、きのこの料理をたべたが、その毒にあたって、重い赤痢になやむ。

病みおとろえたゴータマは、クシナーラーへのくるしい歩行をつづけながら、まな弟子アーナンダをかえりみて、あえぎながらいった。

「アーナンダよ、この木蔭《こかげ》に衣をたたんでしいてくれ、わしはつかれた。アーナンダよ、水を一ぱいくんできてくれ。わしはのどがかわいてたまらない。」

やがてクシナーラーのサーラー林の娑羅双樹《さらそうじゅ》のもとでなくなる。アーナンダが泣き悲しむのを、釈尊はなぐさめていう。

「やめよ、アーナンダよ、悲しむなかれ、なげくなかれ。愛する者、好む者ともいつかはわかれねばならぬということを、わたしはかねて教えていたではないか。」

かれは弟子や信者たちにみまもられながら、やすらかに息をひきとった。それはいささかもくもりや汚れをのこさない、しめやかな愛情と親和感にみちた臨終であった。

釈尊がなくなると、大地震がおこった。その遺骸《いがい》は火葬にふせられたが、八つの種族がその遺骨をえようとあらそったので、遺骨を八つに等分して各種族がそれぞれ一部分ずつ自分の故郷にもちかえり、ストゥーパ（記念の塚）をたててそのなかにおさめて供養することになった。この埋葬された遺骨をのちにアショーカ王がほりだして、八万四千のストゥーパにわけおさめて安置したという伝説がある。一八九八年に、カピラ城から約十三粁《キロメートル》へだたったピプラーワーで、古墳を発掘したところ、そのなかから遺骨をおさめたつぼが発見された。それには西紀前数世紀の文字で「釈尊の遺骨」であるむねが銘刻されているから、これはゴータマの真実の遺骨である。それは仏教徒であるタイの王室にゆずりわたされたが、その一部が日本の仏教徒にゆずられ、現在では名古屋《なごや》の覚王山日暹寺《にっせんじ》（現・日泰寺《にったいじ》）におさめられている。

二〇、思想の相対性

ある人々が「真理である。真実である。」と主張しているその見解を、他の人々は「虚偽である。虚妄である。」と批評している。

スッタニパータ　八八三

釈尊の当時のインドにおいては、種々の哲学説が、たがいに相対立し、矛盾し抗争していた。唯物論もあれば観念論もある。一方では快楽論、道徳否定論がとかれるとともに、他方では苦行に専念する行者もいた。また真理は結局わからないといって、懐疑論におちいる人々もいた。こういう事実を釈尊（ゴータマ）は注視し反省した。

「ある人々が「真理である。真実である。」と主張しているその見解を、他の人々は「虚偽である。虚妄である。」と批評している。かれらはかくのごとくことなった見解をいだいてたがいに論争している。」

それではわれわれはどこに真理をもとむべきであろうか。

ゴータマはこの事実について次のような批判をくだした。かれら思想家は結局、解決しえないむつかしい形而上学《けいじじょうがく》的問題について論争をおこなっているために、執着にとらわれ、その結果としてはからずも道徳的な悪をおかしているのである、と。かれはこのような論争は無意義であると考えて、「もろもろの論争を超越していた」のであった。だからかれは「我および世界は常住であるか、無常であるか。我および世界は空間的に有限であるか、無限であるか。身体と霊魂とは一つのものであるか、別のものであるか？　完全な人格者は死後に生存するかどうか？」などの質問をはっせられたときに、こたえなかったという。こたえないですておくことが、実ははっきりした一つのこたえをあたえたことになるのである。

なぜこたえなかったかというと、このような論議は益のないことであり、真実の認識すなわち正しいさとりをもたらさぬからであるという。

ゴータマは対立した二つの主張のいずれかにおちいるような形而上学説をできるかぎりとりのぞいて、真実の実践的認識を教えようとした。人間には、いついかなる場合にもまもるべき理法（ダルマ）がある。それは人間としてのあるべきすがたである。これを実践し実現しなければならない。世間の人々は自己というものをみうしなっている。おおくの世人は社会的地位や財産を自己とみなしているが、これらは自己からうしなわれるものであるから、真実の自己ではない。最愛の家族といえども、死ぬときにはわかれなければならないから、自己とはみなしえない。肉体や精神的機能も真実の自己ではない。当時のインドの哲人は自己（アートマン）を一種の形而上学的実体とみなしたが、それもあやまっている。

では真実の自己はいかなるものであるか。それは客体的なものとしてはとらえられない。それは、みようとしてもみえないものである。ただ人々が人間としての理法（ダルマ）の実践につとめるときに、真実の自己が実現されるのである。孤立した実体としての自己というようなものは存在しえない。ここにいわゆる無我説がひらかれているのである。

二一、生命のはかなさ

ああみじかいかな、人の生命《いのち》よ。百歳に達せずして死す。たといこれ以上長く生きるとも、また老衰のために死す。

スッタニパータ　八〇四

死に対する反省が宗教の門であるということは、永遠の真理であろう。かれは人生の苦という事実を直視する。人間はどこにあっても、またどんなものによっても、苦から脱することはできない。何人《なんぴと》も老いかつ死なねばならぬ。

「この世における生はいとわしきかな。」（四四〇）

ところで人々が苦しみなやんでいるのは、常住永遠なる自己（我）があると考えて固執しているからである。そのために多くの煩悩を生じている。煩悩のうちでもとくに「渇愛」、のどがかわくような愛執、とよばれるものがもっとも根強いものである。

それは、のどがかわいているときに水がのみたくてしかたがないような盲目的な衝動である。人々はそれになやまされている。だからそれに制せられないようになったときに、解脱の境地がえられる。

ある老人が老齢にたっし、身のおとろえたことをゴータマにむかってなげいていった。これにたいしてかれは

「ひとびとは渇愛つまり執着におちいって苦悩を生じ、老におそわれている。ゆえに執着をすてよ。」(一一二〇f.)と教えた。この場合には、生理的現象としての、老い死ぬことにとらわれなくなることが解脱なのである。

「世間における対象そのものが愛欲なのではない。それらはまさにそのまま存続している。しかし、賢者はこれらにたいする欲望を統御する。」(相応部 第一巻)ともいう。

われわれの生活においては、われわれの心のありかたが根本である。

「ものごとは意《こころ》よりおこり、意を主とし、意よりなる。もし汚れた意をもってかたり、またはおこなうときは、苦がこれにしたがう。車をひく牛に車輪のしたがうがごとし。」(法のことば)

かれはこのような実践的認識をといていたのであり、それは古来の宗教家にもつうずるものがあると考えていたのであるから、かれにはとくにあらたな宗教を創始した

という意識もなく、またあたらしい形而上学をとこうともしなかった。

二二、愚を知る

もし愚者にして愚なりと知らば、すなわち賢者なるのみ。愚者にして賢者と思える者こそ、愚者と名づくべきである。

法のことば　六三。法句経ともいう。原始仏教聖典のうちの一種。全編は四二三の詩句よりなる。相当漢訳としては「法句経」「法句譬喩経《ほっくひゆぎょう》」「法集要頌経《ほうしゅうようじゅぎょう》」「出曜経」がある。仏教の根本教義のうえにたち、日常の実践道徳を強調している。原始仏教聖典のうちではかなり古く成立したものである。

反省のないひとびとはとかく傲慢《ごうまん》になり、他人を軽視しがちになる。なんとなれば他人は相手である自分の長所美点を称揚して、短所欠点を面とむかっていわないからである。しかし反省のある人は、まず自分が愚者であるということにきづく。反省のない人は傍若無人となるが、反省のある人はどうしても他人にたいしてひかえ目になる。

「恥をしらず、あつかましく、ずうずうしく、ひとをせめ、大胆にして、不正なるものは、生活しやすい。

恥をしり、つねにきよきをもとめ、執著《しゅうちゃく》をはなれ、へりくだり、きよくくらす賢者は生活しがたい。」（法のことば　二四四―二四五）

自己の愚を知った人こそ真の賢者なのである。

「もし愚者にして愚なりと知らば、すなわち賢者なるのみ。愚者にして賢者と思える者こそ、愚者と名づくべきである。」（六三）

そうして理想の修行者のすがたを讃嘆《さんたん》していう。

「身のよそおいはさておきて、おこないしずかに、心おさまり、やさしくして、身をつつしみ、素行正しく、生きとし生けるものにたいして暴力をもちいざる人こそ、聖職者とも、みちの人とも、托鉢僧《たくはっそう》ともいうべきである。」（一四二）

二三、ひとの噂

ただそしられるのみの人、またただほめられるのみの人は、過去にもなかったし、未来にもないであろう、現在にもいない。

法のことば　二二八

われわれ人間はとかく人の評判を気にするものであるが、ひとのけなしたり、ほめたりするのを気にするのはつまらないことだ。

「ただそしられるのみの人、またただほめられるのみの人は、過去にもなかったし、未来にもないであろう、現在にもいない。」（二二八）

また過去の失敗をくよくよしたり、未来の不安をあんずるのも、つまらないことである。ただ現在に生きよ。

「過去を追わざれ、未来をねがわざれ。およそすぎさったものは、すでにすてられたのである。また未来はまだ到達していない。そうして現在のことがらを、おのおののところにおいてよく観察し、ゆらぐことなく、また動ずることなく、それを予知した人は、その境地を増大せしめよ。ただ今日まさになすべきことを熱心に（なせ）。だれか明日の死あるをしらん。まことにかの死（神）の大軍と会戦せずということはありえない。かくのごとき境地にあって、熱心にして昼夜（かつて）懈怠《けたい》なし。――かくのごとき人を、一夜の賢者、寂静者、沈黙せる者、と人はよぶ。」（中部　第三巻）

二四、たすけ合う

曠野《こうや》の旅の道づれのごとく、とぼしきなかよりわかちあたうる人々は、死せるもののあいだにあってほろびず。こは永遠の法である。

相応部　第一巻

ゴータマは、人々のあいだに真実の実践的認識をひろめるために、その八十年にいたる生涯をささげた。ゴータマは人々にといていう。――人生はさびしい旅路のようなものである。おたがいにたすけあってすすもうではないか。

「曠野の旅の道づれのように、とぼしいなかからわかちあたえる人々は、死せるもののなかにあって不死の意義がある。」

二五、うらみ

実にこの世においてうらみにむくいるにうらみをもってしたならば、ついにうらみのやむことがないであろう。うらみをすててこそやむ。これは永遠不変の法である。

相応部

われわれは他人から害をくわえられた場合に、なかなかそれをわすれることができない。いつかはこのうらみをはらしてやろうと思う。しかし他人をうらんでいるかぎり、しじゅう心に一物もっているわけであり、心の平和はえられない。

真実の平和はわれわれの心のなかからあらわれる。

「『われはののしられた、われは害せられた、われはやぶれた、われは強奪された。』という思いをいだいている人にはうらみのしずまることがない。

「われはののしられた、われは害せられた、われはやぶれた、われは強奪された」という思いをいだかない人には、うらみがしずまる。

およそこの世において、うらみはうらみによってしずまることはないであろう。うらみをすててこそしずまる。これは不変の真理である。」(三、四)

とくに忍耐の徳が強調される。

「いられた箭《や》をしのぶ戦場の象のごとく、われはひとのそしりをしのぼう。よのひとは実にいましめをもたないから。」(三二〇)

「ならされた象は、戦場にもつれてゆかれ、王の乗用ともなる。世のそしりをしのび、みずからをおさめている者は、人のなかにあっても最上の者である。」(三二一)

二六、慈しみ

あたかも母がおのがひとり子をば、身命を賭《と》しても守護するがごとく、そのごとく一切の生けるものどもにたいしても、無量の（慈しみの）こころをおこすべし。

スッタニパータ　一四九

そうして他人にたいし、さらにいっさいの生きとし生けるものにたいして慈悲をおよぼすべきことを強調した。

「あたかも母が己《おの》がひとり子を身命を賭してもまもるように、そのごとくいっさいの生きものにたいして無量のいつくしみの心をおこすべし。」

父母親族が自分にしてくれるよりも以上の善を、他人のためにするようにつとめなければならぬ。

「われは万人の友であり、万人のなかまである。一切の生きとし生けるものの同情者である。いつくしみのこころを修して、つねに無傷害を楽しむ。」（長老の詩 六四八）

二七、平等

世に名とし姓としてあげられるものは、ただことばにすぎない。

スッタニパータ　六四八

ゴータマのといた慈悲の精神は、インド特有のカーストという階級制度と抗争した。かれは人間のあいだに存する階級的身分的区別なるものは無意義であると主張した。「鳥やけもののはすでに生まれるときにそれぞれことなっているし、また成長したときのかたちがことなっている。だから、かれらのあいだには差別がある。しかし人間をみよ。人間はいかなる階級の者でも、生まれおちるときから死ぬときまで、そのなりゆきは少しもちがっていないではないか。」

「(人類には)生まれ(身分)に由来する特徴(の区別)は存在しない。(他の生類は)身を稟《う》けるのがそれぞれことなっているが、人間にはこのことがない。人間における相違はただ名称によるのみ。」（六一〇f.）

かれのといた慈悲平等の教えに共鳴して、かれに帰依する人々が次第におおくなった。ここに教団が成立したのである。教団のことをサンガとよぶ。日本でお坊さんのことを僧とよぶのは、サンガ（僧伽《そうぎゃ》）を略したものである。ゴータマの信徒や弟子のうちには上層階級のものもすくなくなかったが、また身分のひくい者、卑賤《ひせん》の職業に従事している者、社会の落伍者《らくご》たちがあらそうようにして釈尊の大慈悲にすがった。スニータ長老は、在俗生活の日を追懐して、

「わたくしはいやしい家にうまれ、まずしくて財がとぼしかったのです。わたくしは職業がいやしくて不浄物の掃除者でした。人々にいみきらわれ、軽蔑《けいべつ》せられ、ののしられました。」（長老の詩　六二〇f.）

というが、あるときゴータマが弟子たちとともに歩んでくるすがたをみて、心うたれて出家した。一族すべてほろびてひとりとりのこされたまずしい寡婦、鉢と杖《つえ》とをたずさえて家から家に乞食《こじき》し、寒熱に苦しめられていた婦人なども、かれの教団にはいっている。とくにゴータマが婦人の出家修行者にも、男性のそれとおなじ地位をみとめたことは、とくに注目すべき事実である（人間の平等の観念と婦人の独立な教団は、西洋の古代社会にけなかった。だからギリシア人メガステネースが驚嘆の念をもってこのこ

とをギリシアにつたえている。)。

この感激は人から人へとつたわった。とくにカースト制度の束縛を打破しようとしていた当時の新興商業資本家や、手工業者のつよい経済的援助をうけ、つづいてマウリヤ王朝時代には、とくにアショーカ王の国家権力による保護をうけて、「アジアの光」は急速に諸国につたわっていったのである。

二八、悪をなすなかれ

すべて悪しきことをなさず、善いことをおこない、自己の心をきよめること、これがもろもろのほとけの教えである。

法のことば　一八三

仏教には無尽蔵の教えがとかれているが、その要旨は、簡単にいえば「悪をなすなかれ」ということに帰着する。そこで、

「すべて悪しきことをなさず、善いことをおこない、自己の心をきよめること、これがもろもろのほとけの教えである。（諸悪莫作《まくさ》、衆善奉行、自浄其意、是諸仏教）」（一八三）ととかれているのである。

「つくられた悪業は、死におおわれた火のように、燃えつつ愚者に従ってゆく。」（七一）

ただ実際問題として、なにが善でありなにが悪であるか、はっきりと断定できないことがある。ある行為が一方からみれば善であるが、他方からみると悪であるような場合がある。そこで善悪にかんする判定は、個々の場合ごとに具体的に考えなければならない。

二九、父母をうやまう

世に母をうやまうことは楽し、また父をうやまうことは楽し。

法のことば　三三二

父母をうやまうということは子としての義務であるとともにまた楽しいことである。

「法（に従って得た財）をもって母と父とをやしなうべし。」（スッタニパータ　四〇四）

「母あるいは父を法（dharma）によってやしなう人あらば、父母につかえるそのことをもって、この世ではもろもろの賢者がかれを称讃する。また逝《い》かばかれは天上に楽しむ。」（相応部　第一巻）

両親のことをいう場合に「母と父」といって母を先にいうことは、原住民のあいだの母系家族制度の影響であるらしい。かかるよびかたは古ウパニシャッドの末期にあらわれ、仏典・ジャイナ教聖典はすべてこのようになっている。現代のヒンディー語でも両親のことを「母と父」とよぶ。
「母と父とは梵天《ぼんてん》（Brahmā）ともいわれ、先師（pubbācariya）ともいわれる。子らの供養すべきもので、また子孫を愛する者である。されば実に賢者は食物と飲料と衣服と坐床と塗身と沐浴《もくよく》と洗足とをもって父母に敬礼し尊敬せよ。かくのごとく父母につかえることをもって、この世ではもろもろの賢者がかれを称讃し、また逝かばかれは天上に楽しむ。」（増支部 第一巻、第二巻／如是語）
父母にたいする尊敬供養にあわせて、祖先にたいする尊敬供養のとかれていることがある。
「家にあるも知慧《ちえ》ある人は、おおくの人々の利益をなす者である。昔なされたことをおもいおこし、夜と昼とに飽かずして、法のごとくに母と父とおよび祖先（pubbe）を尊敬供養する。うつくしき人は法を知り、信仰をかたくたもち、清浄行を修する出家者に、敬ってつかえる。正法によく安住せる人は、王者の利益であり、神々の利益であり、親族・朋友《ほうゆう》の利益であり、一切の人々の利益である。ものおしみの垢《あか》をばのぞきさり、さいわいある天にいたる。」（増支部 第四巻）
「つねに母と父とにたいするつとめをはたし、妻子の利益をはかり、家庭の内部の人とそれにしたがっている人々との両者のためにめぐみふかく、いましめをたもち、さきにみまかれる親族のために、また現在生存する人々のために、みちの人・バラモン・神々のために（利益をなして）、賢者は法にしたがって家にすまいつつよろこびを生じる。かれはよきことをなして、尊敬され、称讃される。現世においては人々がかれを称讃し、死後には天界で楽しむ。」（増支部　第三巻）

遊牧民の間では特定の家の祖先を崇拝するという習俗にとぼしい。また機械文明が発達して土地が貨幣に、さらに貨幣が土地に、容易に転換しうるような国土においては、祖先崇拝の観念が成立しないし、お墓まいりの習俗もない。しかしせまい地域に人間が密集し、その転換が容易でない社会では、土地および生産手段が世襲的になるから、祖先崇拝が大きな意義をもってくる。インドや日本の場合がそれである。

具体的には子は父母にたいして次のような心がまえをもって奉仕すべきである。「われは両親にやしなわれたから、かれらをやしなおう。かれらのためになすべきことをしよう。家系を存続しよう。財産相続をしよう。そうしてまた祖霊にたいして適当な時々に供物をささげよう。」（長部　第三巻）

三〇、社会人としてのつとめ

施与をなし、したしみあるこのましいことばを語り、ひとのためをはかり、あれこれの事柄について適当に協同する。

長部　第三巻　／　増支部　第二巻

ここにあげた四つの徳目は、のちの仏教では一般に四摂事《ししょうじ》などとよばれ、社会人の活動に不可欠なもっとも根本的な徳と考えられている。

ところで仏教では、これらの四つの徳を父母も子らにたいしておこなわねばならない。もしも右の四つのことをおこなわないならば、母も父も子から尊敬も供養もえられないであろうととく。自分の子どもらにも社会人としての意義をみとめて遇すべきことを教えているのである。

具体的には両親は次の五つのしかたで子どもを愛するという。すなわち

「悪よりとおざけ、善にいたらしめ、技能を習学せしめ、適当なる妻をむかえ、適当なる時期に相続をなさしめる。」（長部 第三巻）

三一、職業における精励

いましめを身にたもつ賢者は、蜂が食物をあつめるようにはたらいたならば、かれの財はおのずから集積する。あたかも蟻の塚のたかめられるようなものである。かくのごとくに財をあつめては、かれは家において実によき家主となる。その財を四分すべし。かくなせばかれは実に朋友を結束する。一分の財をみずから享受すべし。二分の財もて業務をいとなむべし。また第四分を蓄積すべし。しからば窮乏のそなえとなるであろう。

長部　第三巻　／　雑阿含経　第四八巻

原始仏教によると、家長たる者は生業に勤勉に従事すべきであるという。ひとが戒律をたもって、あたかも蜂が食物をあつめるようにはたらいたならば、財がおのずから集積するであろう。あたかも蟻の塚のたかめられるようなものである。しかしながら自分が財貨を一方的に獲得するのみで、ただ自分のもとに保持しておくことは無意義である。自分がもちいると同時に、他人にも享受させ、有効にもちいねばならない。

「財産おおく、金銀あり、食物を有する人がひとり美味を食する。」（スッタニパータ一〇四）ことは、堕落の門であるといっていましめている。

三二、主人と使用人

主人は次の五つのしかたで、奴僕傭人《ようにん》に奉仕しなければならぬ。すなわち、その能力に応じて仕事をあてがうことにより、食物と給料とを給与することにより、病時に看病することにより、珍味の食物をわかちあたえることにより、適当なときに休息せしめることにより。
奴僕傭人は次の五つのしかたで主人を愛しなければならぬ。すなわち、かれらは（主人よりも）朝早くおき、のちに寝につき、あたえられたもののみをうけ、その仕事をよくなし、（主人の）名誉と称讃とを吹聴《ふいちょう》する。

長部　第三巻

およそ東西古今をつうじて「奴婢《ぬひ》は主人に奉仕し、主人は奴婢を愛すべし。」という道徳があまねくとかれているのに、原始仏教が強調したところの道徳はそれぞれに反対の徳目をあてがったのである。これは一般に奴婢は主人に奉仕するだけで愛情をもたず、また主人は奴婢をたとい愛しても尊敬の念をもたないかたむきがあるという、人間性の弱点をついているわけであるが、それは人間性にたいする宗教的反省からのみおこりうることである。

三三、婦人の意義

婦人といえども、ある人々は実に男子よりもすぐれている。

相応部

「人々の王よ。婦人といえども、ある人々は実に男子よりもすぐれている。智慧あり、戒行をたもち、姑《しゅうとめ》をうやまい、夫に忠実である。かの女の子をうんだ子は、英雄となり、地上の主《あるじ》となる。かくのごときよき妻の子は国家（rajja）をも教えみちびくのである。」（第一巻）

「心よくしずまり、智慧があらわれたならば、正しく法をみるものに、女性たることがなんのさわりがありましょう。

われは男か女かと、かくのごとくまどって、そもそもわれはなにものぞや、と思う者こそ、悪魔が語るにふさわしいのです。」（第一巻）

婦人の教団に男子の教団と対等の地位をみとめたという点でも原始仏教のもつ文化史的意義はおおきい。インドへきたギリシア人は「インドには婦人の哲学者たちがいる。」と、驚嘆の念をもってかたっている。古代西洋には、こういうものが存在しなかったからである。

三四、婦人の習性

婦女のもとむるところは男性であり、心をむけるところは装飾品であり、執著《しゅうじゃく》するところは夫を独占することであり、究極目標は支配権である。

増支部　第三巻

このことばだけをきいたならば、だれが二千五百年前の宗教家の教えだと考えるだろうか。人類は二千五百年のあいだに、外面的・技術的には偉大な進歩をとげた。しかし人間そのものはかわっていない。現代のわれわれが、過去の宗教のことばに耳をかたむけねばならぬ所以《ゆえん》はここに存するのである。

三五、愛

愛に差別なし。

ジャータカ　第四巻

愛の典型的なものは、恋しあっている男女の愛情であると一般に考えられている。熱烈に愛しあっている男女のあいだでは全面的な自己帰投がおこなわれ、それは純粋の愛であるとみとめられている。原始仏教においても一般世人にたいしては恋愛の純粋性をといていた。

「愛する者の愛する人はだれであろうとも、たといチャンダーラ女（賤民の女）であろうとも、すべての人は平等である。愛（Kama）に差別なし。」（ジャータカ　第四巻）と。しかしながら原始仏教は男女関係をはなれた出家修行者の生活に一層たかい意義をみとめていた。

「智者は淫行《いんこう》を回避せよ。
赤熱せる炭火の坑《あな》を回避するように。もし浄行（不淫）を修することあたわずば、（少なくとも）他人の妻をおかすことなかれ。」（スッタニパータ　三九六）
そこで世俗的生活として結婚生活が承認される。そして結婚生活以外の男女関係は否認される。
「己が妻に満足せず、遊女にまじわり、他人の妻にまじわる……これは破滅への門である。」（スッタニパータ　一〇八）

三六、結婚の破滅

若い女を誘《おび》きいれて、かの女への嫉妬《しっと》から夜もねむられぬ。……これは破滅への門である。

スッタニパータ　一一〇

そこで次に結婚生活にかんする所説を検討してみよう。

当時、妻をめとることを「つれてくる」とよんでいた。一般には媒酌結婚がおこなわれていて、父が娘を他の家のある男に「あたえる」のであった。それには結婚の媒介者が参与していた。当時は売買婚もおこなわれていたらしい。夫のことを「財をもって購《あがな》いし者」とよんでいる。

いかなる結婚の仕方を理想とすべきかについては、原始仏教聖典のうちにはべつに規定されていない。ただ相当年輩の男が若い女をちかづけることは非難されている。

「盛年をすぎた男が、ティンバル果のようにもりあがった乳房のある若い女を誘きいれて、かの女への嫉妬から夜もねむられぬ。……これは破滅への門である。」

当時結婚は純然たる私事で、なんらかの公的機関にとどけでることもなければ、また離婚が裁判による判決によらないでおこなわれたようである。たとえば、イシダーシーという婦人はウッジェーニーの富商の娘であったが、サーケータの富商のもとに嫁にやられ、貞淑につかえたが、夫には気にいられなかった。かれ（夫）はかれの母と父とにつげていった。「ゆるして下さい。私はでてゆきたいのです。私はイシダーシーと同じ家のなかで一緒にすみたくないのです。」

「そんなことをいいなさるな。イシダーシーはかしこくて、はきはきしている。早おきでなまけたりしません。」なにがお前の気にいらないのですか？」

「かの女はなにも私を害したりしません。ないのです。ただきらいな女は私には用がないのです。ゆるして下さい。私はでてゆきたいのです。」

かれのことばをきいて姑と舅《しゆうと》とはイシダーシーにたずねた。

「お前はどんなことをしでかしたのだい。うちあけてありのままにいいなさい。」

「私はなにも悪いことはしませんでした。夫を害《そこな》ったこともありませんし、（夫の欠点を）算《かぞ》えたこともありません。夫が私をにくんで発するような悪いことばをどうして私が口にすることができましょうか？」

うれいまどう彼等二人は、息子の気持にしたがって、苦しみながらイシダーシーを父の家につれもどし

「われらは（人間のかたちをなせる）うるわしの吉祥神に敗れたのです。」

といった。彼女はつづいて第二、第三の結婚にも失敗した。

彼女の告白はなおもつづけられる。

「そこで父は次に私を富める第二の家の人にあたえました。（第一の）富商が私をえて支払った身代金の半分をもって。私は彼の家にも一ヵ月住みましたが、やはり彼もまた私を追いかえしました、――私は婢女のように勤《いそ》しみつかえ、罪科もなく、いましめを身にたもっていたのですが。

乞食のために徘徊《はいかい》し、みずから制し（他人を）制する力ある一人の男にむかって、私の父はいいました。

「あなたは私の女婿となって下さい。襤褸《ぼろ》衣と乞鉢とをすてなさい。」

と。かれもまた半ヵ月住みましたが、やがて父につげました。

「私に襤褸衣と乞鉢と飲器をかえして下さい。もとどおり乞食の生活をしたいので

す。」

　そこで、私の父と母とすべての親族一同は彼にいいました。

「この家であなたのためになにかしないことがあるでしょうか。あなたのためにしなければならぬことは直ぐにいって下さい。」

と。このようにつげられて、彼はかたりました。

「わが自己が（自由であることを）うれば、私はそれだけで充分なのです。私はイシダーシーとともに同じ家に一緒に住みますまい。」

と。彼はおわれてさりました。私もまたひとりになっておもいにふけりました、――私は許可をえて家をでてゆきましょう。死ぬために。あるいは出家しましょう、――と。」

　こうした彼女をすくってくれたものは、みほとけの教えであった。

「そのとき、聖ジナダッター尼は乞食のために遊行しつつ私の父の家にこられました。（かの尼は）戒律をたもち、博学で徳をそなえたかたでした。かの尼をみるや、私どもはたって尼のための座席をもうけました。しずかに坐した尼の両足を礼拝し、食物をささげました。食物と飲物など、そこにたくわえてあったすべてのものを飽くまですすめて、私はいいました。

「尼さま、私は出家したいとねがうものです。」
と。父は最初は出家に反対しましたが、やがてそれを承認してくれました。」（長老の詩 四一四f.）

右の話からみても、当時は再婚がかならずしも禁じられていなかったことがしられる。

このイシダーシーの告白をきくと、かの女はウッジェーニーの豪商の家からサーケータの豪商の家に嫁したのであるが、かの女はいう。
「夕と朝とに舅と姑とにちかづき、頭《こうべ》をたれて足下に礼拝し、教えられたとおりに敬礼しました。

わが夫の姉妹や兄弟や近親のうち、だれかをひとたびみても畏《おそ》れはばかって座をゆずりました。食物・飲物など、なんでもそこにたくわえられてあるものを喜んでもってきて、そうして（適当な）人に適するものをあたえました。

ときに遅れることなくおきて家におもむき、入口で手足をあらい、掌《て》をあわせて夫のところに近づきました。櫛《くし》と顔料と眼薬と鏡とをたずさえて婢女のようにみずから夫を装飾しました。みずから飯をたき、みずから食器をあらいました。母がひとり子にたいするように、私はわが夫にかしずきました。」

しかし、彼女は夫の気にいらないで、ついに追いかえされたという。ここに当時妻が夫にたいしてとるべしと考えられていた理想的態度の一端がみられる。しかし、また当時においてさえ、第三者がみて差しつかえなさそうにみえる結婚も、両人のあいだに愛情が存在しえないときには破滅にみちびかれたのである。

また、当時の道徳は相当に乱れていたらしく、母と娘とが同じ人を夫としていたことがあった。しかしそれは乱倫の行為であったと自責し「身の毛のよだつ」のを感じて出家したという。

三七、夫婦のつとめ

もし貞節にして、他人の威にくっせず、夫ののぞむことに従順で、このましい妻であるならば、責むべきことであっても、ほむべきことであっても、秘密の事柄を妻にうちあけよかし。

ジャータカ　第四巻

ところで原始仏教は夫婦の間の倫理をいかにといたか。
まず夫婦は親しくむつまじいものでなければならない。
「なにものが人々のすみかであるか。この世界で最上の友はたれぞ。」
という天神の問にたいして、世尊《せそん》は
「子らは人々のすみかである。妻は最上の友である。」（相応部　第一巻）
と答えたとつたえられている。

結婚生活においては二人の人格のあいだにおける全面的帰投が要請される。「もし貞節にして、他人の威にくっせず、夫ののぞむことに従順で、このましい妻であるならば、責むべきことであっても、ほむべきことであっても、秘密の事柄を妻にうちあけよかし。」

しかし夫婦のあいだにはそれぞれことなった義務がある。夫が妻にたいし、また妻が夫にたいする義務も聖典のうちにとかれている。ややおくれて成立した「シーガーラにたいする訓誡《くんかい》」においては、次のようにそれぞれ綱目的にまとめてとかれている。まず夫は次の五つのしかたで妻に奉仕すべきであるという。すなわち「尊敬により、軽蔑せざることにより、姦淫《かんいん》せざることにより、権威をあたうることにより、装飾品を提供することにより。」（諸漢訳からみても夫が妻をうやまうのである。）また、妻は五つのしかたで夫を愛する。すなわち妻は「業務をよく処理し、婢僕をよく処理し、婢僕をよく待遇し、姦淫せず、あつめた財を保護し、なすべきすべての事柄について巧妙にしてかつ勤勉である。」（長部　第三巻）

というおこないをまもらねばならぬという。「姦淫せず」ということは夫妻の両方ともに要求されている。それは結婚生活においてもっとも大切なことであるから、とくによりだして在俗信者のために規定された五戒の一つとして「不邪婬戒《ふじゃいんかい》」がたてられている。それは性の道徳を正しくすることである。

さらに夫妻がともに協力一致し和合して、信仰にもとづいた清純な家庭生活をおくるべきことをも教えている。

三八、対論の態度

賢者の対論においては解明がなされ、解説がなされ、批判がなされ、修正がなされ、区別がなされ、こまかな区別がなされるけれども、賢者はそれによっておこることがありません。

ミリンダ王の問い

ギリシア人でバクトリアの王であったミリンダ王（メナンドロス　西紀前二世紀）が、インドに侵入して北方インドを征服したが、かれは仏教の長老ナーガセーナ(Nāgasena)と仏教教理について対談し、そのときの対話が、パーリ文の「ミリンダ王の問い」(Milindapañhā)、漢訳の「那《な》先《せん》比《び》丘《く》経《きよう》」として今日につたえられている。この二人はいろいろの問題について対論したのであるが、ナーガセーナ長老は討論を開始するまえに、まず次のように一本釘《くぎ》をさす。

「大王よ、もしもあなたが賢者の論をもって対論なさるのであるならば、わたくしはあなたと対論するでしょう。しかし、もしもあなたが王者の論をもって対論なさるのであるならば、わたくしはあなたと対論しないでしょう。」

ミリンダ王は、その「賢者の論」とか「王者の論」とかいうのは、いったいなんであるか、とといただすので、ナーガセーナは次のようにこたえる。

「大王よ、賢者の対論においては解明がなされ、解説がなされ、批判がなされ、修正がなされ、区別がなされ、こまかな区別がなされるけれども、賢者はそれによっておこることがありません。大王よ、賢者は実にかくのごとく対論するのです。大王よ、しかるに、実にもろもろの王者は対論においてひとつのことをのみ主張する。もしもそのことにしたがわないものがあるならば、「この者に罰をくわえよ。」、といってその者にたいする処罰を命令する。大王よ、実にもろもろの王者はこのように対論するのです。」

そこでミリンダ王は次のように明言する。

「尊者よ、わたくしは賢者の論をもって対論しましょう。王者の論をもっては対論しますまい。尊者は安心し、うちとけて対論なさい。たとえば尊者がビク、あるいはしゃみ、あるいは在俗信者、あるいは園丁と対論するように、安心してうちとけて対論なさい。おそれなさるな。」

そこでナーガセーナは、「大王よ、よろしい。」といって同意した。

自分の思想と対立する反対の思想にたいする寛容の態度のないところに、対論は成立しえない。思想上の対論が権力者によって弾圧されるとき、思想の正当な理解と発展はありえない。思想の自由と反対説にたいする寛容ということは、インド思想のもっとも重要な特徴であったが、ナーガセーナ長者は、ここでもこの伝統をまもろうとしているのである。

後代のインド仏教

三九、もろひとの病

もろひとの病はわが病である。

維摩経　文殊師利問疾品

「維摩経《ゆいまぎょう》」（クマーラジーヴァ訳）に

「「菩薩《ぼさつ》」は衆生《しゅじょう》のためのゆえに生死に入る。生死あればすなわち病あり。もし衆生が病をはなるるをえば、すなわち菩薩はまた病むことなし。たとえば長者にただ一子あり、その子が病をうれば、父母もまた病み、もし子の病が癒《い》えば、父母もまた癒ゆるがごとし。菩薩もかくのごとし。もろもろの衆生において、これを愛すること子のごとし。衆生が病めば、菩薩も病む。衆生の病癒ゆれば、菩薩もまた癒ゆ。」

という。ひとの憂い苦しみをわが憂い苦しみとするのが大乗仏教の理想であった。

四〇、すくい

たといわれ仏たるを得んに、十方の衆生が至心に信楽して、わが国にうまれむと欲し、乃至《ないし》十念せむに、もしうまれずば正覚《しょうがく》をとらじ。ただ五逆と正法《しょうぼう》を誹謗《ひぼう》せむとをばのぞく。

設我得仏、十方衆生至心信楽欲生我国、乃至十念、若不生者、不取正覚、唯除五逆誹謗正法。

大無量寿経

これは無量寿仏（阿弥陀仏《あみだぶつ》）の第十八願として有名なものである。この仏は過去世に法蔵ビクという修行者であったが、衆生済度《さいど》の誓願をおこして、長者・居士《こじ》・国王・諸天（神々）などとなって無数の衆生を教化《きょうげ》し諸仏を供養して、ついにさとりをひらいた。そのときたてた誓願が四十八あるが、その第十八が次の誓願である。

「未来にわたくしが仏となることができたら、わたくしは一つの仏国土をつくるわけであるが、もしも十方の衆生がまごころをもって信じて、わが国土にうまれようと欲し、十刹那《じっせつな》でも念じた場合に、もしもかれがわが仏国土にうまれないようなことがあるならば、われはさとりをうることはしないであろう(=仏にはなるまい)。ただ五逆(父を殺し、母を殺し、修行完成者を殺し、教団を不和ならしめ、仏をきずつける)の罪をおかしたような悪人や正法をそしる人々をのぞく。」

ところで法蔵ビクはいまは仏となって、西方の極楽国土にましまます。故にその誓願は成就されているはずであり、右の誓願にもとづいてかの仏を念ずる人々はすべて救われるはずであるというのである。

右のことばは日本の浄土教《じょうどきょう》では重大な意味を有するものと解せられた。ただ原文には「ただ五逆の罪をおかした者と正法をそしる者とをのぞく。」という制限(抑止文)がふされている。これについて中国の善導《ぜんどう》は、かかる大悪人でも、回心したならば、極楽浄土に往生することができるという意味に解した。ところが日本にくると、この文章はしばしば問題とされるが、法然《ほうねん》はこの制限を、実際問題としては、まったく無視して、十悪五逆の者どもでもすくわれる、という解釈をとっている。仏の慈悲を、完全円満なものと考えていた点では、大無量寿経を作成したインドの宗教家よりも、法然にはじまる日本の浄土教諸師のほうが、もっと徹底していた。

四一、みなすくわれる

諸仏の教えをきいて仏とならない者は、一人もいない。

法華経　第二章、第一〇〇詩

法華経《ほけきょう》は大乗仏教の重要経典であり、中国、日本、ネパールの仏教においてはとくに重要である。西紀一―二世紀ごろに西北インドで成立したらしい。漢訳には、西晋《せいしん》の竺法護《じくほうご》訳「正法華経」十巻と姚秦《ようしん》の鳩摩羅什《くまらじゅう》訳「妙法蓮華経《みょうほうれんげきょう》」八巻と隋《ずい》の闍那崛《じゃなぐっ》多《た》・達摩笈多《だつまぎゅうた》共訳「添品《てんぽん》法華経」七巻とあるが、普通「法華経」というときには、クマーラジーヴァ（鳩摩羅什）訳の「妙法蓮華経」をさしていう。その内容は二十八品（二十八章）よりなるが、天台《てんだい》大師はその前半十四品を迹門《しゃくもん》とよび、後半十四品を本門と称する。日蓮上人《にちれんしょうにん》は本門のなかでもとくに久遠実成《くおんじつじょう》の仏をとく一章（寿量品《じゅりょうぼん》）が法華経の中心思想であると考えた。

大乗仏教徒は小乗仏教徒を極力攻撃しているけれども、思想史的現実にそくしていえば、小乗仏教をもふくめて仏教のうちの種々なる教えは、いずれもその存在意義を有するものである。

「法華経」はこの道理を戯曲的構想と文芸的表現形式をかりて表現している。

「法華経」の序品においては、雄大なる構想と豊麗なる詞句とをもって、今これから世尊《せそん》が「大法の演義」をなしたもうということがさかんに前触れされている。では次にいかなる哲学体系がのべられているのか、というと、全体としてはいかなる抽象的哲学的思索もみとめられず、ただ仏の諸《もろもろ》の教法が一乗に帰するということだけが、豊富な言葉と多様なるたとえとをもってくり返しとかれているだけである。そのなかになにかある特殊な哲学体系をもとめるならば、なにものもえられないであろう。

迹門の部分、とくに方便品《ほうべんぼん》では、ただ声聞《しょうもん》（小乗の修行者）、縁覚《えんがく》（独善的な修行者）、菩薩（大乗の修行者）の三乗が一乗に帰するということを異常に力強く主張し、そうしてそれのみにつきている。

「ただ一乗の法のみあり。二もなく、三もなし。」

従来これらの三乗は、一般に別々の教法とみなされていたが、それは皮相の見解であって、いずれも仏が衆生をみちびくための方便としてといたのであり、真実には一乗法あるのみであるというのである。

この大らかな精神は徹底的にとかれている。

「諸仏の教えをきいて仏とならない者は、一人もいない。」

一つの偈《げ》をきいて受持した声聞でも、すべてうたがいなく成仏することができる。塔を造立し、舎利を供養する者、仏像を礼拝する者もすべて仏道を成じ、さとりをひらくことができる。否、たわむれに砂で塔をつくるまねをし、つめで壁に仏像をえがいた幼童でさえも、すべて仏の慈悲にすくわれる。たとい心はとりみだしていても、仏像あるいは塔のまえでひとたび「南無仏」ととなえるだけでも最上のさとりを証得する。

「譬喩品《ひゆぼん》」から「授学無学人記品」までの七品は、種々の譬喩や因縁をもちいて「方便品」の趣意をさらに種々の面から説明している。かかる思想の基底にあるものとして慈悲の精神が強調される。仏の慈悲は親の愛に比せられる。「われは生きとし生けるものの父にして救い主なり、一切のいのちあるものはわが子なり。」「提婆達多品《だいばだったぼん》」ではデーヴァダッタのような極悪人でもすくわれ、また八歳の竜女《りゅうにょ》が仏となった話がのべられているが、竜女成仏の話は後代に女人成仏説の典拠とされている。

「勧持品《かんじぼん》」では法華経を受持する行者のかたい決意がとかれている。

「世間がひどくなってきて、
人の姿をした鬼が、
わたくしたちをつかまえて
罵詈《ばり》雑言《ぞうごん》をしたっても、
仏につかえているからは
柔和のよろいに身をかため、
この法華経を人々に
つたえるためには、苦にせずに、
命も体もなげだして
ほんとのみちは仏から
おあずかりしたものだから
これをりっぱにまもります。
お信じください、お釈迦《しゃか》さま。」
(漢訳からの江南文三氏訳)

いとも恐ろしくもの凄《すご》い悩乱せる時勢に
実は夜叉《やしゃ》にほかならぬ多くの修行者たち
が
われらをののしるであろう。
ここで世尊に対する尊敬の故に、
われらは難事をたえしのぼう。
忍ぶことの帯を結んで、この宗典をひろ
めよう。
みほとけよ、身も命も用はないのです。
われらはめざめをのみのぞみ、
あなたの託せられたものを守ります。
(サンスクリット原文からの訳)

四二、仏の真実のすがた

量をかぎることのできぬ、思慮を絶した億千劫《ごう》、――その昔にわれはこの無上のさとりをえたのである。われはつねに法をとく。

法華経　第一五章（寿量品第一六）、第一詩句。

法華経の後半では仏の真実のすがたを明かしている。

普通、世人は仏教のもろもろの教説は、すべて釈尊《しゃくそん》のといたものであると考えている。しかし、実はそれらは肉親の釈尊の所説ではない。それらを成立せしめる根源は、時間的・空間的限定をこえていながら、しかもそのなかに開顕しきたる絶対者、すなわち諸法実相の理《ことわり》にほかならない。これを久遠実成の本仏と称する。一切の神々や人々は、釈尊は釈迦族から出家してさとりをひらき、八十歳で入滅したと考えている。しかし釈尊は実は永遠の昔にさとりをひらいている。

「われ実に成仏已来《いらい》、久遠なることかくのごとし。」

釈尊そのものは常住不滅である。

「つねに霊鷲山《りょうじゅせん》にあり。」

寿命は無量である。人間としての釈尊はたんに方便のすがたにほかならない。

その方便のすがたによって、生きとし生ける者どもをすくうために、教えをといて休止することがない。

「量をかぎることのできぬ、思慮を絶した億千劫、――その昔にわれはこの無上のさとりをえたのである。われはつねに法をとく。」

右のことばをクマーラジーヴァ（鳩摩羅什）は次のように訳している。

「自我得仏来　所経諸劫数　無量百千万　億載阿僧祇　常説法教化　無数億衆生。」

なお文句はつづくのであるが、この一連の詩句は「自我……」と始まるので、日《にち》蓮《れん》宗では「自我偈」と称し、とくに重要視している。

「世間がすっかり火の海で
ぼうぼう焼けているときも
釈尊《しゃか》のまわりは安全で

たといもろひとがこの世界を見て、
燃えつつありと考えても、
わがこの仏国土は神々と人間にみちてい

みんなでたのしく遊んでる。
りっぱな公園、いろいろの
りっぱな御殿、それにまた
奇麗な花やくだものが、
さいたり、なったり、とり放題。
天でも太鼓をたたいてる、
朝から晩まで舞をまう、
奇麗な花を雨にして
釈迦とみんなにふりかける。
釈迦のまわりはこうだのに、
一方、ほかでは、火に焼かれ、
悲しみ、おそれ、苦しんで、
かけずり回ってさわいでる。
こうして気がつくときはなく、
欲の深みにふみこんで、
仏のホの字も知らないで、

る。
かれらに種々の遊戯あり、楽しみあり、
遊園・宮殿・楼台も数多く、
宝の山々、華や果実ある樹木に飾られている。
上では神々が鼓を打ち、マンダーラ華の
雨を降らし、
わが直弟子たちとここにめざめを求めて
修行する智者たちとにふりかける。
わがこの国土はこのように常に確固たる
ものであるのに、
かれらは、これを焼かれていると考え、
世界はいとも恐ろしく、そこなわれ、憂
患にみちていると見る。
また決してわが教えを聞こうとしないし、
また幾千万劫にわたって諸の如来と法と

苦しみ通すものもいる。
すなおな明るい人になら、
釈迦がこうしてここにいて
教えているのがみえるはず。」
（寿量品、江南氏訳）

わが衆と（＝三宝《さんぼう》）に聞こうともしない。
悪業の果報たるものである。
しかし柔和なるひとびとは、
この人間世界に生れて来て
清浄な業もて現れて、われが法を説くのを見る。（サンスクリット原文からの訳）

「薬王菩薩本事品《やくおうぼさつほんじぼん》」第二三以下は補足的部分であり、おくれて成立したと考えられている。「法華経」はその哲学的立場からの必然的帰結として、民間信仰の諸様式を摂取した。諸種の陀羅尼《だらに》が付加せられ、また普門品《ふもんぼん》第二五（独立に「観音経」としても行われる）には、苦悩におちいった衆生が観世音菩薩の名を一心にとなえれば、この菩薩はその音声《おんじょう》をかんじてみな解脱をえしめるという信仰がとかれている。

四三、相互依存

これがあるとき、かれがある。あたかも短があるとき長があるがごとし。

中論にたいするチャンドラキールティの註解

大乗仏教の理論的確立者であるナーガールジュナ（竜樹 Nāgārjuna 約西紀一五〇―二五〇）は「八宗の祖師」としてあがめられ、後世の仏教にふかい影響をおよぼしている。

かれの伝記「竜樹菩薩伝《りゅうじゅぼさつでん》」によると、若いときに隠身の術を心得て、薬をのみ、三人の友人とともに王宮にはいって女官たちにいたずらした。いたずらがばれて、他の三人は殺されたが、かれは王の側七尺以内のところにかくれていたので、危うく助かったという。そこで欲は「苦の本、衆禍の根」であると知って出家した。諸所を遍歴して、外学《げがく》・小乗の学とともに大乗仏教をまなび、晩年は南インドのキストナ川の上流の吉祥山に住んでいた。著書多く、「十二門論」「廻諍論《えじょうろん》」「六十頌如理論」「大智度論」「十住毘婆沙論《じゅうじゅうびばしゃろん》」「大乗二十頌論」「菩提資糧論頌」「竜樹菩薩勧誡王頌」「宝行王正論」などがあるが、もっとも有名なのは「中論」である。

「中論」は二十七章よりなり、ほぼ五百の詩句を有する。その最初に、

「不滅・不生・不断・不常・不一義・不異義・不来・不出であり、概念による論議が滅びてめでたき縁起をといた正覚者（＝仏）を、もろもろの説法者のなかの最もすぐれたるものとして拝す。」

というが、この詩句がこの書全体の趣旨をよくしめしている。

小乗仏教の説一切有部《うぶ》、あるいは仏教外の諸学派はなんらかの意味において多数の実体的原理を想定しているが、竜樹はそれを批判し論難している。もしも概念あるいは本質のようなものを実体視するならば、現象界の変化の成立しているゆえんを説明しえないこととなる、と主張する。

かれによると、時間的規定をうけていて、しかも実体的本質を有するものは、変化することができない。たとえば、道をさることが不可能であるという。

「まずすでに去ったものは去らない。またまだ去らないものも去らない。すでに去ったものとまだ去らないものとの両者をはなれた、今去りつつあるものもまた去らな

い。」(二・一)

さらにつづけていう、——もしも「今去りつつあるものが去る」というならば、主語としての「今去りつつあるもの」のなかに含まれている「去る」とあらたに述語として付加される「去る」と二つの去ることがみとめられねばならない。ところで去るはたらきは去る主体をはなれては存しえないから、もしも二つの去ることをみとめるならば、さらに二つの去る主体をみとめなければならぬことになる——と。したがってこの論法を一般にひろくおしすすめてゆくと、なんらかの実体的本質を有するものが変化するということはありえないこととなる。しかるに現実の経験世界においては生滅去来の変化が成立している。したがって、もろもろの事物そのものは実有ではありえない。それらは空であり、無自性でなければならぬ。あらゆるものは否定にうらづけられている。それらの本性が絶対的な空であり、否定であるがゆえに、まさにそのゆえにこそ現象界の生滅去来の変化の諸相が成立しているのである。

またもろもろの事物の固定的な実体をみとめるならば空間的な差別相・多様相の成立するゆえんをもまた説明することができない。現象界における個々の相はたがいに他の相との対立依存関係において成立している。

「作用によって能作者《のうさしゃ》あり、またその能作者によって作用がはたらく。」(八・一二)

両者は相互に他に依存している。この理法はいかなる概念にも適合する。
「浄に依存せずしては不浄は存せず。その不浄によりて浄をわれらはとく。ゆえに浄は不可得である。」（二三・一〇）
「不浄に依存せずしては浄は存せず。その浄によりて不浄をわれらはとく。ゆえに不浄は存することなし。」（二三・一一）
一般的な立言としては
「これがあるとき、かれがある。あたかも短があるとき長があるがごとし。」
という。いかなるものも自己にたいして否定的に対立するものを前提とし、しかもかかる否定的対立者を否定することにおいて成立している。もろもろの事物それ自体は不可得であり、空である。もろもろの事物の本性はなんらかの概念をもって述語することは不可能である。
このように本性は空であるとみる立場、すなわち絶対的立場（真諦《しんたい》、勝義諦、第一義諦）と、これにたいして世人一般あるいはもろもろの哲学者が事物のあらわれを執《しゅう》著《ちゃく》しているとおりに承認する相対的立場（俗諦、世俗諦）とがある。この両者をあわせて二つの真理（二諦）と称する。

四四、絶対者と世界

如来のそれ自体はすなわち世間のそれ自体である。

中論　二二・一六

ナーガールジュナのかかる空の理論は当時の仏教者のあいだに異常な衝撃をひきおこし、空論者は仏教の実践道徳を破壊するものであり、虚無論者であるとの非難をあびせられたのであるが、竜樹はこれを反駁《はんばく》していう。——空観はしばしば誤解されるようにあらゆることがらを否定するものではなくて、実はそれらを成立させ、実践道徳の体系を建設するものである。もしも事物が固定的に実在するものであるならば、われわれの実践修行が成立しえないこととなる、と。

この空の理法を「縁起」とよぶ。またこれは事物の真実のすがたであるから、諸法実相とも称せられる。それは相対的に対立している概念のうちのいずれか一方に執著しないことであるから、それをまた中道とも称する。「中論」はこの中道を教示している書であるから、このような題名を冠せられているのである。

こういう立場からみると、迷いもさとりも本来一味である。

「輪廻《りんね》はニルヴァーナ（涅槃《ねはん》）にたいしていかなる区別もなく、ニルヴァーナは輪廻にたいしてなんらの差別もなし。」（二五・一九）

両者の根底をたずねると一致している。

「ニルヴァーナの究極はすなわち輪廻の究極である。両者にはもっとも微細なるいかなる区別さえも存せず。」（二五・二〇）

「繋縛《けいばく》と解脱とがある。」と思うときに束縛があり、「繋縛もなく、解脱もなし。」とみるところに解脱がある。

それと同様に仏というものを特殊なすぐれた存在だと考えてはならない。世人はとかく仏というとすぐれた超人的存在だと考えがちであるが、それはあやまっている。

「概念的思惟《しい》をこえて不壊《ふえ》なる仏を思惟論議する人々は、すべて、思惟論議に害せられて仏をみない。」（二二・一五）

仏というものがべつにあるわけではない。

「如来のそれ自体はすなわち世間のそれ自体である。」（二二・一六）

現象世間そのものが絶対者なのである。以上のような「中論」の思想は、その後の大乗仏教思想の発達のための出発点となった。

四五、真　如

真如はいつもかわりなく、増しもへりもしない。

馬鳴　伝記不明。仏教詩人として有名なアシヴァゴーシャ（西紀二世紀）とは別人らしい。

大乗仏教思想にたいする手ごろな入門書としてなにがよいか、とたずねられたら、まず第一に「大乗起信論」を推薦すべきであろう。これは馬鳴《めみょう》という人の著とつたえられているが、西紀四〇〇年よりも以後のものであるから、有名な仏教詩人である同名の馬鳴（アシヴァゴーシャ）とは別人であろう。サンスクリット原文もうしなわれ、チベット訳もなく、漢訳が二種存するが、普通は真諦《しんだい》訳がよくよまれ、これにたいしては、古来「汗牛充棟」という古い表現が文字どおり適合するほど、ばくだいな註釈《ちゅうしゃく》書、解説書が刊行されてきた。

本書の中では題名を説明していう。

「人々がうたがいをなくし、あやまった考えをすてて大乗の正しい信念をおこすように（そしてこのようにして）仏の道のあとつぎがたえないようにしたいとねがうからである。」

さらにその内容を説明していう。

「マハーヤーナ（大乗）にたいする信念の基礎を生じさせる法が存する。だから（本書では）それを説明しようと思う。

本書は次の五章からなる。第一章は「本書をあらわす理由」、第二章は「問題の所在」、第三章は「くわしい説明」、第四章は「実践と信心」、第五章は「利益をのべて実践をすすめる」である。」

そうして次に五章に分って大乗仏教思想を説明している。そのうちで「第二章　問題の所在」は「一心」「三大」などいう仏教思想史上重要な観念がしめされているから、その第二章の内容を次に紹介しよう。

「マハーヤーナの実体（法）は人々の心（衆生心）である。さとり以前の世界にぞくする物事（世間法）も、さとりの世界の物事（出世間法）もすべてこの心のなかにふくまれているから、この心によってマハーヤーナの意義をあきらかにするのである。

なぜかというのに、この心の真のすがた（真如相）はマハーヤーナの実体をしめすものであり、この心の生滅するありさま（生滅因縁相）はマハーヤーナ自身の本体（体）の性質（相）と働き（用）をしめすものであるからである。」

次に右にあげた三つの局面をくわしく説明する。

「マハーヤーナのあらわれかた（義）は次の三である。第一は本体（体大）で、あらゆる存在の真のすがた（真如）のことである。これはいつもかわりなく、増しもへりもしないからである。第二は性質（相大）で、これは如来蔵（人々の心に存している如来のたね）のことである。（マハーヤーナという心には）善い性質が限りなく具《そな》わっているからである。第三には働き（用）である。さとり以前の世界とさとりの世界との善の原因と結果とを生ずることができるからである。」

次に第三章では心の現象（一心法）を、心の本来の面（心真如門）と心の活動する面（心生滅門）とにわけて考察している。どちらの面からみても万物（一切法）はみなこのなかにふくまれている。つまりこの両面は不相離だからである。心の本来の面はすなわち絶対界（一法界）であって、万物の総体であり、差別界の本体である。それを「真如」と称する。心の活動する面からみると、不生不滅の絶対界と生滅する相対界とが一体をなしていて、同一でもなく、ことなるものでもない。これをアーラヤ識となづける。

次にアーラヤ識から現象界の諸相があらわれでて成立する次第がくわしくのべられている。

第四章では実践修行のしかたを教え、第五章では「起信論」の教えにしたがって実践することの意義ないし利益をといている。

アーラヤ識をとくことは一般には唯識説においてなされることであるが、唯識説への入門書としては古来ヴァスバンドゥ(世親《せしん》、西紀約三二〇—四〇〇)の著した「唯識二十論」および「唯識三十頌」が有名である。護法の「成唯識論」は後者にたいする特殊な立場からのくわしい註釈である。

四六、身体で読む

わたくしは身体でよもう。ことばをよむことになんの意義があろうか。治療法をよむだけならば、病める人にとってなんの役にたとうか。

入菩提行論

宗教の教えを知っているというだけでは、なんらの意味がない。われわれの身体をもってする行為のどこかに具現されねばならない。

四七、奉仕の行

人々よ。わたくしの頭のうえに足をおけ。

入菩提行論

仏道修行とは、人々に奉仕することにいたってきわまる。

「わたくしは、一切の生ける者どものうちで、燈火をもとめている人々のためには燈火となり、寝床をもとめている人々のためには寝床となり、奴僕をもとめている人々のためには奴僕となろう。」（第三巻一八）

仏を礼拝するということは、たんに儀礼のなかにあるのではなくて、他人への奉仕のうちに存する。

「今日もろもろの如来を崇《あが》めるために、世間においてわたくしは全身をもって奴僕となる。人々よ。わたくしの頭のうえに足をおけ。あるいは害せよ。世間の主《あるじ》（＝仏）

よ、満足したまえ。」（第六巻一二五）

そのためには自分の身を、出来るだけつつましくしなければならない。「不幸におちいった人々、保護者のない人々、誓戒をまもっている人々にわかちあたえて、（自分は）中庸の量だけをたべるべきである。三衣《さんえ》を別として（その他のものを）すてるべきである。」（第五巻八五）

この世で一人でも貧困に苦しんでいる人がいるならば、それは仏の徳をきずつけることになる。

「もしも施与の完全な徳（dāna-pāramitā）が過去に世間の人々を貧困でないものとしても、今日また世間の人々が貧困であるならば、過去の救世者（＝仏）たちのそれ（＝施与の完全な徳）はいかにあるのであろうか？（しからば未《いま》だ真の「施与の完全な徳」とはなっていないのである。）」（第五巻九）

中国仏教

四八、天地と一体

天地はわれと同根となり、万物はわれと一体となるのであるが、天地万物がわれと一体となれば、それはもはや有でも無でもない。しかし天地万物がわれと異物であるならば、一つに会通《えつう》することは不可能である。

僧肇《そうじょう》　六朝時代の僧。三七四年生、四一四年没。西域からきたクマーラジーヴァ(Kumārajīva 鳩摩羅什)に師事し、『肇論』を著した。この書はインドの仏教哲学思想が中華民族の思惟によって消化理解されるにいたった一つの大きな成果をしめしている。『肇論』無名論。

漢文の原文では

「天地与我同根、万物与我一体、同我則非復有無。異我則乖於会通。」

となっている。天地と一体になるということは、われわれ東洋人には、身をもってよく理解しうる心境である。西洋にもかかる理想をいだいていた人がすくなくない。僧肇のことばは、われわれの気持をよく表現している。

四九、邪と正

教えの意義はただ二たとおりである。すなわち一には顕正といい、二には破邪という。邪をやぶればすなわち下はしずんだ人々をすくい、正をあらわせばすなわち上は大法をひろめることができる。ゆえにみののえりをふるって毛並をそろえ、あみのつなを提げてあみの目を整えうるように、要点をつかめば、すじみちはただこの二つに帰着するのである。

吉蔵《きちぞう》　嘉祥大師として知られる。五四九年生、六二三年没。三論宗の開祖。祖先はイラン人であったという。年七歳で出家し、諸経論を研究した。著書としては『三論玄義』『大乗玄論』など二六部ある。

原文は

「義唯二轍。一曰顕正、二曰破邪。破邪則下拯沈淪、顕正則上弘大法。故振領提綱、理唯斯二也。」

となっている。嘉祥大師吉蔵のとなえた三論宗では、破邪と顕正とを二大綱目としている。ただここで問題となるのは、邪と正とを区別することは、一つの執著《しゅうちゃく》にとらわれているのではないか、という疑問である。これにたいしては、正は邪をやぶるべきものとして存在すると答える。

「難じて曰《いわ》く、すでに邪にして破すべきものがあり、正にしてあらわすべきものがありとすれば、すなわち心に取捨が存する。どうして執著がないということができよう。答。邪をやめんがために、しいて名づけて正とするのである。邪がなにもなくなってしまえば、すなわち正もまたとどまらない。それゆえに心に執著するところはないのである。」

五〇、ふだんの気持ち

ふだんの気もちが道だ。(平常心是道)

南泉《なんせん》　南泉普願は中国鄭州新鄭の人で、大隗山大慧について得度し、のち馬祖道一のもとで修行した。貞元一一年池陽の南泉に禅院をかまえ、山を下らざること三十年であった。大和八年(八三四)没。

「南泉に、趙州《じょうしゅう》がたずねた。「どんなのが道です?」すると南泉、「ふだんの気もちが道じゃ。」

趙州、「そう仕向けるものでしょうか?」

南泉、「仕向けると、はずれる。」

趙州、「仕向けねば、道が知れますまい?」

南泉、「道は知る知らぬを、こたえたものじゃよ。知るというも迷い、知らぬも気のつかぬまで。仕向けないで道に行きついたら、それこそ大空のようにカラリとして、よしあしはかまわんじゃないか?」

歌に――

春は花さき秋は月、
夏はすず風、冬は雪。
あだに心を使わねば、
わが世たのしく時は過ぎ。」

右は魚返善雄氏の訳にしたがって紹介した。禅問答は、邦語に訳せば、このように楽しくよめる、明るいものなのである。

日本仏教

五一、あらあらしいことをするな

われ生れてよりこのかた、口に麤言《そげん》なく、手に笞罰《ちばつ》せず。今わが同法、童子をうたずんば、わがために大恩なり。努力せよ、努力せよ。

伝教大師最澄　七六七年生、八二二年没。日本天台宗の開祖。近江滋賀郡にうまれ、十二歳で出家した。桓武天皇の帰仰あつく、延暦二三年唐におもむき、翌年帰朝した。比叡山に延暦寺を開創した。

伝教大師の遺言というものがあわせて十ヵ条つたえられているが、そのうちの一つである。かれは一生を通じておさない弟子や召使を訓育するのに、手にうったえることがなかった。この風を後の人もまもってくれ、というのである。伝教大師の人格がよくあらわれていると思う。

日本では昔から体罰をくわえることがよくおこなわれる。暴力による制裁というものをそれほど悪いと思わない。のみならず西洋でも、たとえばアメリカ人はこどもをしつけるために、手でピシャリとうつ（spank）が、その頻度は日本人よりも多い、とみずから称している。

まったく力にたよらない感化、——その理想が、わが日本において千二百年の昔に実現していたのである。

五二、生れて死す

三界《さんがい》の狂人はくるえることを知らず、四生の盲者は盲なることをさとらず。生れ生れ生れ生れて生《しょう》のはじめに暗《くら》く、死に死に死に死んで死のおわりに冥し。

弘法大師空海　日本真言宗の開祖。七七四年生、八三五年没。讃岐国多度郡屏風浦にうまれた。二十歳で勤操にしたがって出家した。延暦二三年（八〇四）三十一歳で入唐し、長安の青竜寺恵果から密法をうけ、大同元年（八〇六）帰朝した。のち高野山をひらき、金剛峯寺を開創した。『秘蔵宝鑰』。

われわれ人間が日夜迷っているすがたをついた印象的な文句として有名である。進歩した機械文明のうちに住んでいるわれわれは、みずからの知識を誇っているが、一歩高いところからみるならば、弘法大師のこのことばがそのままあてはまるであろう。

五三、死

この生死は、すなわち仏の御いのちなり。これをいとすてんとすれば、すなわち仏の御いのちをうしなわんとするなり。これにとどまりて生死に著すれば、これも仏の御いのちをうしなうなり。いとうことなく、したうことなき、このときはじめて、仏のこころにいる。ただし心をもてはかることなかれ、ことばをもていうことなかれ。ただわが身をも心をも、はなちわすれて、仏のいえになげいれて、仏のかたよりおこなわれて、これにしたがいもてゆくとき、ちからをもいれず、こころをもついやさずして、生死をはなれ仏となる。

道元　日本曹洞宗の開祖。内大臣久我通親の子。幼にして母をうしない、十三歳で比叡山で出家剃髪し、のち栄西に謁して禅宗に帰す。貞応二年（一二二三）宋に渡り、天童山の如浄禅師のもとでさとりをひらいた。帰朝後、宇治の興聖寺、越前の永平寺を開創した。『正法眼蔵』。

われわれはどこから生まれでてきたのか、その根源を知ることができない。父母のからだを縁としてでてきたわけであるが、父母がそのまま自分ではない。また死んでからどこへ行くか、その行くすえを知らない。ただわれわれの目にみえぬ大きな力に動かされていることだけは確かである。われわれをこえたこの大きなはたらきは、われわれが生まれ、かつ死ぬという現象のうちに存するのである。

五四、時間

いわゆる有時は、時すでにこれ有なり、有はみな時なり。

道元　正法眼蔵（有時）。

存在するということは時間においてあるということである。存在をはなれて時間という原理が別に存在するわけではないということを、インドの哲学者ナーガールジュナがといている。

「もしも時間が存在に縁《よ》りてあるならば、存在をはなれて、どこに時間があろう。そしていかなる存在も存在しない。（それ故に）どうして時間が存するであろう。」（『中論』時間の考察、二二・六）

道元はさらに一歩をすすめて、存在とは時間であるという。

五五、ひたすらの信仰

念仏を信ぜん人は、たとい一代の法をよくよく学すとも、一文不知の愚鈍の身になして、尼入道の無智のともがらにおなじうして、智者のふるまいをせずして、ただ一向に念仏すべし。

法然上人源空　浄土宗の開祖。一一三三年生、一二一二年没。美作久米の押領使漆間《うるま》時国の子。九歳で父をうしない、出家、剃髪した。比叡山や南都で各宗の奥旨を参究した。四十三歳で善導の散善義という書をよんで浄土教に帰し、念仏をとなえた。建永二年（一二〇七）から、なくなる前年まで土佐に配流された。「一枚起請文」。

これは法然上人の最後の説法の一節である。

人間の生活が進歩し複雑化すればするほど、記号体系が複雑化する。学問とは記号体系にほかならず、それは人類の生活に不可欠であり、ますます重要視されなければならない。しかし人間の欲望や情欲には原始人さながらの野性的なものが、いつまでも残存しているので、それを超克して絶対者に対向することは、学問の領域をでている。

法然のいう念仏は、口にあみだ仏の御名《みな》をとなえることであった。念仏をとなえるという儀礼に、反撥《はんぱつ》を感じる人々も少なくないであろう。しかし「念仏」とはもとは絶対者を念ずることであった。人間が絶対者に包まれて生まれ、生き、死ぬものである以上、念仏をこの意味に解するならば、法然のことばは永遠の真理をしめしている。

五六、いつわり

外に賢善精進《しょうじん》の相を現ずることをえざれ。内に虚仮《こけ》をいだけばなり。

親鸞　浄土真宗の開祖。一一七三年生、一二六二年没。幼にして父をうしない、養和元年（一一八一）青蓮院の慈鎮和尚について得度した。諸宗の学をきわめ、二十九歳で法然上人に謁し、浄土教に帰した。旧仏教に迫害され、承元元年（一二〇七）から五年間越後に流された。かれは結婚して四男・三女があった。『教行信証』。

中国の浄土教の大成者である善導大師のことばに次の文がある。

「不得外現賢善精進相内懐虚仮。」

これは「外に賢善精進の相を現じ、内に虚仮をいだくことをえざれ。」とよまねばならぬ。すなわち、外ではまじめな善人のようなふりをして内心ではいつわりの心をもってはならない、という意味である。ひとは外と内とうらはらであってはならぬ、ということを教えているのである。しかし親鸞は、このことばをそのままうけとることができなかった。自分を反省してみると、とかく望ましからぬ悪心にまつわられている。内心を善ならしめ、清浄ならしめることは、まことに至難のわざである。そこでかれは右の漢文を次のようによみ改めてしまった。

――「外に賢善精進の相を現ずることをえざれ。内に虚仮をいだけばなり。」と。かりそめにも自分が賢者善人であるというふりをしてはならぬというのである。

五七、すくい

つみのひとびと　み名をよべ
われもひかりの　うちにあり
まよいの眼には　みえねども
ほとけはつねに　てらします

親鸞

これは親鸞の正信偈《しょうしんげ》のなかの次の詩を、近年、西本願寺《にしほんがんじ》で意訳したものである。

極重悪人唯称仏　極重の悪人は唯《ただ》仏を称すべし
我亦在彼摂取中　我もまた我の摂取の中にあれども
煩悩障眼雖不見　煩悩眼を障《さしつか》えて見ずといえども
大悲無倦常照我　大悲倦《う》むことなくして常に我を照したまうといえり。

深夜、人がねしずまり、寂としてなにも音のきこえないときに、しずかに仏前にざして、沈思すると、このことばはわたくし自身を大きく包んで他の何事をもわすれさせる。

真宗では朝夕の勤行《ごんぎょう》をはじめとして、儀式の際にはつねに正信偈をとなえるのであるが、儀式の一部として漢文で声をたててとなえるよりは、ひとりしずかに心のなかでくりかえすによいことばであると思う。

またこれは親鸞のことばであるが、浄土真宗以外の人々でも心にうったえるものであろう。

かれのことばを原文のままでなくて、訳によって紹介することに、異論があるかもしれない。しかし漢文のわからない人々、たとえばアメリカの邦人二世・三世のあいだでは、右の意訳によってとなえている。日本でもこれからの若い人々からは漢文はだんだんとおのいてゆく。右のことばは親鸞がといたから尊いのではなくて、真実がとかれているから尊いのである。真実をとくものであるならば、訳であることになんの妨げがあろう。考えてみれば、そもそもインドでとかれたはずのゴータマ・ブッダのことばを、訳である漢文によってとなえるというのはおかしな話である。それがゆるされるなら、邦訳で体読することになんの不合理があろうか。

五八、罪をつくる縁

業縁なきによりて害せざるなり。わがこころのよくてころさぬにはあらず、また害せじとおもうとも百人・千人をころすこともあるべし。

親鸞　歎異抄　一三節

歎異抄のこのことばの前後を西本願寺の訳によって紹介しよう。
「善い心のおこるのは過去世の善業の結果であり、悪いことを思ったり行ったりするのは過去世の悪業の結果である。亡くなられた親鸞聖人は「兎の毛や羊の毛についている塵《ちり》ほどの小さな罪でも、過去世の業によらないものはないと知らねばならぬ。」と、仰せられた。
またあるとき、聖人は
「唯円房よ、そなたは私のいうことに背かないか。」

と、重ねて仰せになったから、謹しんでおうけ申したところが、

「試みにいうが、人を千人殺してくれないか、そうしたら必ず浄土へ往生することができる。」

と、仰せになった時、

「聖人の仰せではございますが、この私のはたらきでは、千人はおろか、一人も殺すことができそうにも思われませぬ。」

と、申しあげたところ、

「それではどうして親鸞のいうことに背かぬといったのか。」

と、仰せられ、そして
「これで思い知らねばならぬ。どんなことでも思いのままにできるものなら、浄土へ往生するために、千人殺せといわれたら、そのとおり千人殺しうるであろう。けれども殺さねばならぬ業縁のないときは、一人でも殺されないものである。殺さないからといっても、それは自分の心が善いから殺さないのではない。またその反対に殺すまいと思っていても、業縁があるなら百人あるいは千人を殺すことがあるかも知れないのだ。」

と、仰せられた。これは私達が自分の心に善いと思うことをすれば、救済にあずかる

に都合がよいと思い、悪いことをすれば救済にあずかるのに都合が悪いと思って、自分の善悪に目をつけて、他力本願の不思議なお慈悲で助けられるということを知らないことに、気付かせてくださるために仰せられたのである。」

書をよんだり、思索をしたりすることのできる人々は恵まれた人々である。善をおこなっても、それは自分の力でおこなったのであると考えてはならない。悪をおこなった人々にたいしては無限の同情をいだかねばならない。

五九、賤民の子

日蓮は旃陀羅《せんだら》が子なり。

日蓮　日蓮宗の開祖。一二二二―一二八二年。安房小湊の漁家にうまれた。十二歳で清澄山に投じ、十八歳で剃髪した。諸宗の奥旨をきわめ、法華経を第一の経典とあおぎ、三十二歳のときから南無妙法連華経ととなえはじめた。のち、しばしば迫害・配流されたが、晩年は身延山に隠棲した。『佐渡御勘気鈔』。

日蓮は佐渡へ流される前にしたためた手紙のなかで「日蓮は日本国東夷《とうい》東条《とうじょう》安房国海辺の旃陀羅が子なり。いたずらに朽ちん身を法華経の御故にすてまいらせんこと、あに石に金《こがね》をかうるにあらずや。」という感懐をしるしている。旃陀羅とはインドのチャンダーラ（caṇḍāla）の音写で、もっとも軽蔑《けいべつ》されている賤民《せんみん》である。かれは他の書において「片海《かたみ》の石中の賤民が子なり。」「片海の海人《あま》が子なり。」などと称して、氏なき賤民の子であるということをみずから誇っていた。なぜか。それはかれが法華経のとく真理を明かにする行者として、絶大のほこりをもっていたからである。法華経の教えは賤民をも精神界の王者たらしめる。かれの立言は逆説的な表現によって宗教の確信を表明しているのである。

後代の日蓮鑽仰《さんぎょう》者は、かれが天皇の裔《すえ》であるという伝説をわざわざつくりだしたが、それはかれの真精神からとおいものであろう。

六〇、善の行い

十善あり、世間出世間にをし通《つう》じて大明燈《だいみようとう》となる。
十善とは身三口四意三《しんさんくしいさん》なり。不殺生《ふせつしよう》、不偸盗《ふちゆうとう》、不邪婬《ふじやいん》、これを身《み》の三善《ぜん》業《ごう》という。不妄語《ふもうご》、不綺語《ふきご》、不悪口《ふあくく》、不両舌《ふりようぜつ》、これを口の四善業《ぜんごう》という。不貪欲《ふとんよく》、不瞋恚《ふしんに》、不邪見《ふじやけん》、これを意の三善業《ぜんごう》という。

慈雲《じうん》尊者　享保三年（一七一八）大坂にうまれた。十三歳で出家し、飲光慈雲と称す。ひろく神儒仏の学に通じ、戒律を復興し、世俗人にむかっては十善の教えをといた。また幕末における梵文研究の大成者であり、『梵学津梁一千巻』を著した。六十九歳で葛城山下の高貴寺に隠棲したが、そこは真言律宗の総本山となった。文化《ぶんか》元年（一八〇四）八十七歳で死す。

十善とは、（1）生きものを殺すなかれ、（2）盗みを行うなかれ、（3）男女の道を乱すなかれ、――(以上は身にかんする三つの善業)――(4)いつわりをいうなかれ、(5)みだらなことをいうなかれ、(6)ひとをそしるなかれ、(7)仲たがいさすなかれ、――(以上は口にかんする四つの善業)――(8)貪《むさぼ》るなかれ、(9)いかるなかれ、(10)宗教の真理をうたがうなかれ、――(以上は意にかんする三つの善業)――である。

これは仏教で古くからとくところであるが、慈雲尊者はもっぱらこの十善を人々にむかってといた。これは、時代・国土・民族・宗教の差をこえて、いかなる人でもまもらねばならぬことであるといってよいであろう。

むすび——生活における宗教への提案

以上、東方における宗教のことばの若干を紹介した。これらはいずれも筆者が感銘をうけたものであり、読者もまたなんらかの感銘を受けあるいは共感をいだかれるであろうことを期待する。このほかにもなお、読者がみずから宗教の書をよまれるならば、意義深き多くのことばを発見されるであろう。

読者が、もしもこのいとなみをつづけるならば、過去の無尽の宝庫のなかから、自分をみちびいてくれる無限の宗教を、欲するがままにみいだしうるであろう。それは湧きでる泉のようにつきるところがない。

読者がここにみいだす無限の宗教は、もはや過去の特定の既成宗教のどれかにかぎられたものでもないし、いわんや宗派的制約とは無関係である。といた人々が歴史的にはことなった宗教にぞくしていたことは、この場合問題とならない。読者は宗教がよって成立するところの根源に対向しているのである。人生の滋味あふるる清冽《せいれつ》なる水の湧きでる泉に掬《きく》するのである。それはめいめいが自分一人だけあじわえる清い喜びである。

附　カナガキ仏教書

はしがき

極東の孤島・日本にうまれてそだったわれわれが、日本人のことばをもって普遍的な宗教の真理をかたるのは当然のことであり、義務でなければならない。ところが学者のあいだには、古来一つの迷信が支配していて、漢文をもってかかれた典籍がとうといというのである。邦文をもってかかれた仏教書は、古来「仮名法語《カナホウゴ》」とよばれ、仏教の典籍のうちでは、従属的な地位しかあたえられていなかった。

仮名法語にかんするまとまった研究は、従来にもほとんどなかったようである。筆者はまさにこの点を問題としたいのである。

邦文で述作された仏教書のことを、筆者はいまここで「カナモジ仏教書」、または「カナガキ仏教書」とよびたい。従来「仮名法語」とよばれるものとおなじであるが、「仮名法語」という呼称がなにかしら仏典における従属的なものであるという連想をもたらし、高僧が凡愚のために一段さがってといたという感じをあたえるのにたいして、かかる価値評価を排除したいのである。

「カナモジ仏教書」といっても、何もカナモジのみで書かれたものを意味するのではない。日本語から漢字を全然排除することは、きわめて困難であり、それがまたローマ字運動を阻害しているような事情にあるから、現在のカナモジ運動は、けっして漢字を全面的に排除しようとするのではなくて、不必要な漢字をすてようというのである。だから、仮名法語を「カナモジ仏教書」とよぶことは、けっして不当ではない。筆者はこれをカナモジ仏教運動としてとらえたいのである。

もちろん時代の推移とともに、昔のカナガキ仏教書はもはや今日の若い人々には、理解の困難なものとなってしまった。またいちじるしく保守的なものとして映ずるであろう。しかし過去の時代においてもっていたその進歩的性格は、けっして無視さるべきではない。カナモジ仏教運動は、近世西洋の宗教改革者たちが、民衆のことばをもって宗教書を著したのと対比さるべきである。

筆者はカナモジ仏教書をよむのがすきである。日本人が日本人のために漢文でかいた仏教書は、学問知識がさきにたっていて、学殖で身をかためているという感じがする。ときにはペダンチックなにおいすらする。ところが邦文でかかれた仏教書においては、人間としての真情があふれている。

このカナガキ仏教書は、将来、日本人としての生活にそくした倫理をしめしてくれるものであろう。それらはいずれも封建時代につくられたものではあるが、そこにしめされた人間性にたいする反省は、機械文明に特徴づけられた世界の一環としての日本において、なお今後とり上げらるべき意義があると考えられる。

筆者はこの問題について、けっして適任ではないが、しばしば質問をうけることがあるので、やはりまとめておくほうが便利であると思って、刊行する次第である。

一、奈良及び平安仏教諸宗派の民衆教化

仏教が過去の日本文化形成の主動力となったものであることは、何人《なんぴと》もこれを承認せねばならぬであろう。しかしながら、よく考えてみると、仏教が一般日本人にうけいれられるしかたは、直観的、情緒的、芸術的であった。荘厳《しょうごん》端麗な仏像のもつ温容と魅力、霊験ありと考えられる経典の読誦《どくじゅ》、とくに法会などにおいて梵唄《ぼんばい》読経法楽などのからみあってかもしだす複合的な雰囲気が、主としてしらずしらずのうちにひとびとを仏教にみちびいていったのである。仏教は主として感情的、芸術的なしかたにおいて民衆に感化をおよぼした。これに反して思想的な面においては比較的に感化がとぼしかったように思われる。経論の講読、研究も相当さかんにおこなわれたけれども、それらはほとんどすべて漢文でかかれていて、一般民衆とは無関係であった。日本の仏教者は経典を日本語に翻訳するということをしなかった。これは日本仏教の一つのいちじるしい特徴である。虎関師錬《こかんしれん》は「我が国には（翻）訳の事無し」（『元亨《げんこう》釈書』第三十巻）といって、この特徴を指摘している。仏教の経論は、呪術《じゅじゅつ》的儀礼的な意味においては民衆に重要視されたけれども、思想的な意味においては、完全に民衆

のものとなったのではなかった。

聖徳太子《しょうとくたいし》は日本仏教の確立者として尊敬されたけれども、その伝記の類《たぐい》はみな漢文でかかれ、和語のものとしてはおそらく浄土教の立場からかかれた著者不明の『上宮太子御記』が最初のものらしい。

奈良時代以来、仏教の基礎学として、『倶舎論《くしゃろん》』および『成唯識論』の研究および講義がさかんにおこなわれた。その結果として本邦の学僧により幾多の業績がしめされているが、それらは全部漢文でしるされている。ただ例外として「名所」すなわち一つの典籍のうちで古来難解とされている箇所や論題が、邦語の歌のかたちでまとめられているにすぎないが、それは理解に資するためというよりは、むしろ記憶に便ならしめるためであり、また半ば興味本位のものであった。この点で一種の教育的意義をもったものであったといえるかもしれない（それは佐伯旭雅師の著された『倶舎論名《メイ》所雑記《ショザツキ》』および『成唯識論《ジョウユイシキロン》名所雑記』のうちにふくめて刊行された）。その一班を紹介すると『倶舎論』については冒頭に次のようにうたわれている。

「倶舎論名所ノ標題ハ　部執ノ摂属始リデ　機根ト三分分別ト　不染汚無知ニ五縛段　化人ノ言語無表色　受蘊識蘊眼耳通　羅漢ト仏ト留捨寿行　得非得ノ薄霞有無ノ法躰滅不滅　六因四縁ノ乱レ糸　滅縁滅行ノ金甲《カブト》　三四品断家々聖者

名高キ名所ハ十六ナレド　一部始終ガ六ツカシイ　三度四度マデ聞テモ見ヤレ
ソレデ解セズバ止《ヤ》メヤンセ」

次に右十六の「名所」のうちの第一である「部執の摂属」、すなわち『倶舎論』製作者である世親《せしん》は教学の上ではどの立場に立っているか、ということを問題とする。

「抑々名所ノ始リハ当論部執ノ摂属ガ　慈恩西明清涼等　有宗ノ論ト定メタリ
円暉顕ニハ有部ノ宗　密々ハ経部ト定メタリ　近代鳳潭経部ト云　慈恩西明清涼
等　有部ト定ムル其ノ由ハ　七論婆沙ヲ所依トシテ　製造スル故有部ノ論
時々経部ニ朋ナヘド　一部ノ大宗トナラヌ故　経部ニ属スル道理ナシ　論文一一
巻末ノ　題下ニ有部ト註シタリ　二十九ノ巻八葉ニ　我多依此等ト高判ス　此等
ノ明判異轍ナシ　顕密二宗モ依リガタシ　一部ノ論ヲ判ズルニ　摂属不定ハ無益
ナリ。」

右の歌のなかにはところどころに卑俗な俗語がもちいられているが、しかし内容をみてもわかるように、まったく学者のあいだでの論題にすぎず、したがって一般の民衆とは無関係であった（右の歌はおそらく近世になって成立したものであろう）。

仏教の教理が民衆のものとなるためには、仏教の論書が平易な邦文で表明されるということが、必要不可欠であった。しかしここまで到達するためには、複雑な発展段階を経過せねばならなかった。平安時代の仏教である天台《てんだい》宗および真言《しんごん》宗における教理の民衆化の問題を次に考えてみよう。

　仏書が邦文で述作されるにいたる第一の段階は、全文が漢文でしるされているなかで、梵語をカナガキにしたことである。たとえば曼荼羅を「マンダラ」、蘇婆訶を「ソハカ」とかくのである。かかる実例としては、光胤《こういん》記の『唯識論聞書』二十七巻（『大正蔵』六六巻所収）、良遍《りょうへん》の『二巻鈔』二巻（同七一巻所収）、などがある。

　これにつづく第二の段階は、全体として漢文であるが、ただ接続詞、助詞などをときどきカナガキにし、その他漢文で記しがたいことがらをカナガキにしている。かかる段階にぞくするものとしては、天台宗のほうでは、たとえば良祐《りょうゆう》の『三昧流口伝集』二巻、厳豪《がんごう》が口授し源豪《げんごう》が記した『四度授法日記』四巻、了翁《りょうおう》の『灌頂《かんじょう》私見聞』一巻などがあり、真言宗のほうでは永厳《えいがん》撰《せん》の『要尊法』一巻、守覚《しゅかく》親王が輯《あつ》め覚成《かくじょう》の記した『沢鈔』十巻、成賢《せいけん》が口授し道教《どうきょう》が記した『遍口鈔』六巻、深賢《しんけん》の集めた『実帰鈔』一巻、憲深《けんしん》が口授し親快《しんかい》が記した『幸心鈔』五巻などがある。また覚鑁《かくばん》上人の『十八道沙汰』一巻、『金剛頂経蓮花部心念誦次第沙汰』一巻、『胎蔵界沙汰』一巻なども同形式のものである。宥快《ゆうかい》の撰になる『中院流四度口伝』四巻はかすかに邦語をまじえる程度であるが、野沢《やたく》十二流のうち安祥寺《あんじょうじ》流の口伝を興雅が病をおして宥快につたえたところの『授宝性院宥快記《ジュホウショウインユウカイキ》』一巻（一三七三）のごときは、かなり邦文を多くまじえている（なお呪法的な医術書である著者不明の『伝屍口伝』一巻も、かすかに邦語をまじえている程度である）。

つづいて第三の段階としては、純邦文をもって述作され、術語だけが漢語であるという段階に到達する。源信《げんしん》（慧心僧都《エシンソウズ》）の『真如観』のごときがそれである。これは天台宗の、円教《えんぎょう》の立場から真如を解説したものである。近代の覚千《かくせん》（一七五六―一八〇六）の『遮那業学則』一巻のごときも同様である。民衆教化のためにとくに役立ったのは和讃の類で慧心僧都には『天台大師和讃』、最深には『伝教大師和讃』がある。

そうして天台宗のうちでも民衆的な信仰をもっていた人々は、やはり邦文で法語を著している。慧心僧都の『横《よ》川《かわ》法語』や天台宗真盛派の開祖である真盛《シンセイ》上人（一四四三―一四九五）の『奏進法語』や『念仏三昧法語』は「かな法語」というべきものである。真迢《しんちょう》（一五九六―一六五九）の『真迢上人法語』や、真盛派の真荷の『真荷上人法語』、真朗（明治二五年没）の『真朗上人法語』などは平易な邦文により、末世の濁世には凡愚の衆生は称名念仏によってのみ往生しうるということをといている。いずれもみじかいものである。

仏教の邦語化という点では、右の事実がしめすように慧心僧都が創始者であるが、かれは仏教思想は邦語をもって表現さるべきであるという確信をもっていた。かれの説として「日本国は誠に如来の金言たりと雖《いえど》も、唯仮字を以て書き奉るべきなり。」といったことがつたえられている。総じて中古天台の書には邦文で口伝法門を伝えているものがあるが、しかし伝承をしるしたにとどまり、一般民衆に訴える性質のものではなかった。

天台宗、真言宗をふくめての密教が一般民衆の心情をたかめたという点でとくに注目すべきは、巡礼の霊場廻《めぐ》りとその御詠歌であろう。かかる情緒にうったえる教化の面はとくに重要な意義をもっていた。西国三十三所にかんしては次のような書がつたわっている。

『西国三十三所普陀落伝記』三十巻（写本）
『西国三十三所縁起《サイゴクサンジュウサンショエンギ》』一巻（写本）
『西国三十三所縁起略集』二巻
『西国三十三所観音霊場記図絵』五巻、厚誉著、辻本定吉編、桃嶺画、弘化《こうか》二年
『西国三十三所巡礼縁起』一巻、弘化四年刊
『西国三十三所名図絵』八巻あるいは十巻
鶏鳴舎暁鐘成《あかつきかねなり》輯《しゅう》、嘉永六年刊

『西国三十三所略縁起』一巻、天保年間刊

とくに『西国巡礼細見記《サイケンキ》』は西国巡礼にかんする詳細な案内書であり、安永《あんえい》五年頃の巡礼のありさまを知ることができる。

御詠類の解説としては、

『西国三十三所御詠歌仮名鈔《ゴエイカカナシヨウ》』二巻、小関泰法著、明治二〇年

同一巻、桜井寛宗編、明治二六年

『西国巡礼歌管註《ジュンレイカカンチユウ》』三巻、厚誉（一七一六―一七三五）述、刊本あり

『西国巡礼歌要解』二巻、愍誉《みんによ》（一七六〇―）述、安永八年刊

近代のものとしては、『西国三十三所御詠歌新講座』稲村修道著、昭和七年刊、京都永田文昌堂がある。

また観音信仰にもとづいて、たとえば『観世音菩薩和讃』がつくられ、禅宗でも月並観音講などではそれをとなえる。

以上に考察したように天台宗・真言宗では民衆のための思想書を著した人がとぼしかったとすると、これらの諸宗の僧侶《そうりよ》はいかなる心構えをもって民衆を指導していたのであるか、その主観的心情はいかなるものであったか、ということが問題となる。

これについての消息をあきらかにする一つの資料がある。すなわち『多聞天信心指南』という書によると、民衆にたいしては次の四つのしかたで順次に指導せよ、という。

㈠多聞天（=毘沙門天《びしやもんてん》）にいのるならば、現世における多大の福がさずかる、と教える（浅略釈）。

㈡その信者の信心がすすむと、かれを別室によんで、秘密に次のように教える。「お前は熱心に毘沙門天を信じたから、その信が毘沙門天に感応して、非常な御利益をさずかったようである。今後は、毘沙門天のお気にめすようにつとめねばならぬ。それには、いくら毘沙門天にお供物を上げてもだめである。慈悲行をおこなわねばならぬ。自分の家族、隣人、周囲の人々に布施を行じて人々を満足させねばならぬ。そうしてこの徳をそなえるためには、仏法僧の三宝《さんぼう》に帰依し、五戒（不殺生、不偸盗《ふちゆうとう》、不邪婬《ふじやいん》、不妄語、不飲酒）を保たねばならぬ。」（深秘釈）

㈢信者がかかる戒行につとめることがすすんだならば、次に、毘沙門天とは、この土から七万八千里をすぎたところにある普光園に住んでおられる神様ではなくて、自分自身の理想のすがたにすぎぬということを明す。「天主を北方七万八千里の外に求むることなかれ。天主はつねにわが心中に在す。」（秘中秘釈）

(四)さらにこの信者が無神論におちいるのをふせぎ、安易におちいることをふせぐために、「毘沙門天とはお前自身のことではあるが、お前は嬰児《えいじ》の毘沙門天にすぎない。自分自身を無限に完成せねばならぬ」と教える（秘々中秘釈）。密教の僧侶がすべてこのような心的態度をもって指導していたとはいいえないが、ともかくかかる精神を内にひそめて現世利益を追求する多くの民衆を指導していたのであろう。

天台宗や真言宗は全体としては儀礼的要素がつよかったために、そこでは思想的な民衆教育はとかく軽視されがちであったといってよい。ただしその例外として偉大な存在に慈雲《じうん》尊者飲光《オンコウ》（一七一八―一八〇四）がある。尊者は一生たえまない教化《きょうげ》活動を行い、民衆に仏教思想を理解させようとした。またサンスクリット原典に対する批判的研究を開始したというところに、かれの近代的性格がみとめられる。かれの著『梵学津梁』一千巻はその研究の巨大な記念碑である。民衆にたいしては、とくに十善を中心にして仏教の倫理的性格を強調した。そうして儒教や神道に対決して仏教を考察した。かれは生涯民衆のために教えをとき、最後には講席にたおれた。かれにあっては批判的な学問的精神と民衆のための熱烈な啓蒙《けいもう》的精神とが一体となっていた。かかる性格のゆえに、尊者は、いまなお呪術《じゅじゅつ》的な儀礼的段階にとどまっている密教の教団幹部からはうとんぜられている。教団としては慈雲尊者を問題とすることをこのまぬそうである。しかしかれは民衆の宗教家として多くの人々から敬愛されている。かれにたいする信奉者は、しばしば「慈雲さん」とよびかけるが、「さん」とつけるのは、尊敬よりも以上に親愛の意をふくめているのであり、密教としては全く例外的であるということである。民衆のための主な著書としては次のようなものがつたわっている。

『十善法語《ジュウゼンホウゴ》』十二巻（安永二—三年　一七七三—一七七四年の著）。尊者が京都の阿《あ》弥陀寺《みだじ》にあって十善を講義したときの講義録である。

『十善戒相《ジュウゼンカイソウ》』一巻。安永三年（一七七四）の著である。この書は、尊者自ら三部を認《したた》め、後桃園《ごももぞの》天皇・恭礼門院《きょうらいもんいん》・開明門院《かいめいもんいん》に奉献せられた。

『十善略記《ジュウゼンリヤクキ》』（別名『人となる道』）一巻。安永元年（一七七二）の著である。真実、知足、業報、正智、孝順、三宝、十善等の概略をしめしたもの。

『双龍大和上垂示』二巻。これは慈雲尊者が寛政《かんせい》五年から同十一年まで七年間に京都の阿弥陀寺で五十席ばかりの講演をしたのを、準境居士《じゅんきょうこじ》が要点をしるし、のちに郁文《いくぶん》居士がそれをあらたに写したものである。

慈雲尊者のような宗教家は、その後の真言宗にもまれである。感化のひろかった点では、明治の雲照《うんしょう》律師がこれに近いといったらよいであろうか。律師は慈雲尊者の真言律宗をうけて、もっぱら十善を多くの人々にといていた。

また西行《さいぎょう》（一一一八―一一九〇）の『撰集抄』九巻も高僧・信徒にかんする伝説を収集したものである。

世俗人が世俗人のために仏教のなんたるかをとくということは、かなり古い時代からおこなわれていたようである。

平安時代においては、邦文による述作が主として婦女子のものであったのと同様に、邦文による仏教の解説も婦女子のためになされた。『三宝絵詞《エコトバ》』がそれである。これは源為憲《みなもとのためのり》が冷泉《れいぜい》天皇に奉仕していた時、天皇の第二皇女尊子《そんし》内親王から、きわめて簡明に仏教の大要をわかりやすくかきしめせとの命あり、諸種の経論および中国・日本の仏教説話を蒐集《しゅうしゅう》し、仏法僧の三巻にわかって大要をしるし、かつ直ちに理解しうるように絵をもそえて永観《えいかん》二年十一月に奉ったものであり、そこには釈尊《しゃくそん》の伝記、仏教の大意、僧尼の伝、諸社寺における法要の起源などをしるしている。この書は平安時代の仏教説話をしるしたものとして、『霊異記』『今昔物語』『打聞集《うちぎきしゅう》』と連関があるものである。

またおなじく日本にきてからの仏教の説話を集成した書としては、『方丈記』の著者、鴨長明《かものちょうめい》（一一五四―一二一六）の『発心集』三巻がある。

平康頼《たいらのやすより》（一一五七—一一九五）の『宝物集《ホウブツシユウ》』もかかる潮流にぞくするものであろう。これは、かれが赦免されて鬼界《きかいが》ケ島《しま》からかえって、京都の東山《ひがしやま》に閑居しているあいだに著したという。人の身にとってなにが宝か？——ということを問題として、それは仏法である、という意味でかくなづけた。異本が非常に多く、その大部分は後世の附加であり、康頼自身が著した部分は、ごくわずかであると考えられている。

奈良仏教諸派においても鎌倉《かまくら》時代になると、まれに邦文の述作があらわれるようになった。法相宗《ほっそう》におけるそれとしては解脱上人貞慶《じょうけい》の著がめだっている。

華厳宗《けごん》のほうで古くはどれだけ邦文の著作がなされたかは不明である。この宗派の人で一般人士にもっとも精神的感化の大きかったのは、明恵上人高弁《ミヨウエシヨウニンこうべん》（一一七三—一二三二）であろう。『栂尾《とがのお》明恵上人遺訓』一巻は平生の訓話を弟子の高位が記録したものである。『明恵上人法話』はある貴人にたいする法話を弟子あるいはだれかが筆記したものである。おなじく上人の言行をしるした『却廃忘記』はまだ写本のままで出版されていない。ただここに注目すべきことは、明恵自身の著したかな法語はほとんど存しない。ここにかれの仏教のなお貴族的な性格がみとめられると思う。

華厳宗《けごん》のカナガキ書としては元治《げんじ》元年（一八六四）すなわち幕末孝明《こうめい》天皇の世に、白華という僧が『華厳小綸貫』一巻を著した。華厳宗の教理を平易にのべているが、とくにキリスト教を排斥するという意識がつよいのは注目すべきである。

奈良仏教のうちで民衆ともっとも接触の多かったのは、幾多の社会事業に一身をなげうってつとめたところの若干の律僧であった。なかでも興正菩薩《コウショウボサツ》叡尊《エイソン》や忍性《ニンショウ》律師はとくに有名である。ところでこれらの人々は説教者ではなくて、献身的な事業家であった。したがってかれらは著作をのこさず、かれらの法語なるものはほとんどつたわっていない。『興正菩薩教訓聞集』一巻は、叡尊が戒をさずけ経を講ずる際に、弟子等に教訓した説話をおさめたものである。

旧仏教諸派において邦文の述作あるいは語録が著されたのは、鎌倉時代におけるあたらしい宗教運動の様式に激発されたのであろう。

因明は日本に移入されても、その長い歴史を通じて邦文で論議されることがなかった。因明《いんみょう》の著作は筆者の知るかぎり、すべて漢文でかかれている。そうして漢字の非合理性にわずらわされて、因明は訓詁註釈《くんこちゅうしゃく》の範囲をでることができなかった。わずかに幕末になって嘉永《かえい》七年に、慧澄癡《えちょうち》空《くう》が『因明犬三支』(くわしくは『因明三十三過本作法犬三支』)を和文で著した。その題名については「世間に物の似て真《まこと》にあらざるを犬と云。山椒《さんしょう》や蓼《たで》に似て真の山椒・蓼にあらざるを犬山椒・犬蓼と云うが如し。今録する所ろも性相の論難に寄せて立量の作法を述れば……只《た》だ三支の立量に似せたるのみなれば、三十三過犬三支と名を標するのみ。」という。明治に入ると邦文の解説書は多く著されたが、昭和二十五年に宇井伯寿博士が『因明正理門論』および『因明入正理論』を現代語に訳されるにいたるまで、現代語訳という種類のものはあらわれなかったようである。

二、鎌倉仏教諸派の民衆教化

浄土宗《じょうど》の開祖法然《ほうねん》上人は、漢文の著書を多くのこしているが、しかしまたその民衆的性格はおのずから邦文の著作をのこさしめることとなった。いずれもかれの撰になり、了恵《りょうえ》道光の編輯した『黒谷上人語燈録《くろだにしょうにんごとうろく》』の第一巻から第十五巻まで（『和語燈録』とよばれる）および『拾遺黒谷上人語燈録』巻中及び下は邦文で著されている。

また法然上人の伝記は数多くつたえられ、かれの滅後百年を経過したころには、十指を屈する以上のものがつくられていたが、和文のものも少なくない。

浄土宗の浄華院向阿《じょうけいいんこうあ》上人（一二六三―一三四五）の『帰命本願鈔』『西要鈔』『父子相迎』の三書は、古くは三部仮名鈔という。法然上人に由来する浄土教の真意を宣揚した名著として有名である。ことにそのかな文の流麗幽妙なることをもって推称されている。老幼男女一般のためにとかれたものであり、民衆教育という視点からも重視すべきものである。

また著者は不明であるが、法然上人はじめ鎌倉時代初期の念仏者二十余人の法話をあつめたものとして、『一言芳語抄』はその内容が直截《ちよくせつ》簡明で印象的である。

浄土宗では邦文著作が多く著された。『大正新修大蔵経』第八三巻に収録されているものだけをみても、大玄《だいげん》撰『蓮門学則』一巻、証空《しようくう》撰『曼荼羅八講義抄』一巻、『女院御書』二巻、道教顕意《けんい》撰『竹林鈔』二巻、『仙洞三心義問答記』一巻、行観覚融《かくゆう》撰『浄土口決集』一巻、明秀光雲《みようしゆうこううん》撰『愚要鈔』三巻、俊鳳妙瑞記『西山復古篇』一巻がある。

浄土宗に民衆的な宗教家の多かったことは当然であるが、たとえば東北地方に感化のひろかった無能《むのう》上人（享保四年没）のごときは、そのかな法語においては主として念仏の霊験をといたようである。また徳本《とくほん》行者（文政《ぶんせい》元年没）は念仏三昧を修することによって民衆に感化を与えた点で有名である。弁栄聖者《ベンネイショウジャ》（安政《あんせい》六―大正九）は浄土宗の二祖聖光《しようこう》上人や徳本行者の修行法を受け、念仏三昧によって実際に阿弥陀仏をみることをといていた。かれは毎夜熟睡三時間をとるのみで、もっぱら念仏修行と民衆教化につとめていたが、『阿弥陀経図絵』を二十五万部もひとびとにほどこしたという。

浄土宗と真《しん》宗とのあいだには歴史的に密接な関係があるので、両方に関係があり、また両方から重視されている若干の書があるが、そのうちには邦文でのべられているものが多い。

『西方指南抄《サイホウシナンシヨウ》』六巻（法然の言行を親鸞《しんらん》がしるしたものといわれる）、『後世語聞書』一巻、聖覚撰『唯信鈔』一巻、隆寛《りゅうかん》作の二書『一念多念分別事《イチネンタネンブンベツノコト》』一巻と『自力他力事』一巻、および『安心決定鈔《アンジンケツジヨウシヨウ》』二巻は『大正新修大蔵経』第八三巻に収められている。

浄土真《じょうどしん》宗の開祖親鸞の著作のうちにも和文になるものが少なくない。『浄土三経往生文類』一巻、『尊号真像銘文』三巻、『一念多念文意』一巻、『唯信鈔文意』一巻などはそれである。しかし民衆教育という点でとくに注目すべきは、かれの作った幾多の和讃である。『浄土和讃』『浄土高僧和讃』『正像末和讃』『皇太子聖徳奉讃』としてまとめられている。和讃は、真宗の門徒のつねにとなえるものであり、民衆にたいする感化のきわめて大なるものであった。親鸞が晩年にかかる和讃をつくったのは、あきらかに民衆をして弥陀の信仰にいらしめるためであり、平易をむねとしていた。しかし、一般の農民にはややむつかしく感ぜられたらしい。そこで諸本には、きわめてやさしい註釈をそえて伝写乃至《ないし》刊行されるにいたった。たとえば『正像末和讃』の最初には

「釈迦如来かくれましして
二千余年になりたまふ

正像の二時はをはりにき
如来の遺弟悲泣せよ」

とあるが、仏光寺《ぶっこうじ》本には「遺弟」を「御弟子なり」、「悲泣」を「かなしみなげくべしとなり」としるしている。かかる傍訓のうちの或《あ》るものは、親鸞自身のふしたものであるという。なおかれの書簡をあつめた『親鸞上人御消息集』は親鸞個人の人格のにじみでているという点で注目すべきであろう。

邦文でかかれた真宗の著作のうちで重要なものとしては、『往相廻向還相廻向文類』一巻、『歎異抄』一巻、従覚《じゅうかく》編『末燈鈔』二巻、覚如宗昭《かくにょそうしょう》の撰にかかる『執持鈔』一巻、『口伝鈔』三巻、『御伝鈔』二巻、存覚光玄《ぞんかくこうげん》の撰にかかる『浄土真要鈔』二巻がある。『御伝鈔』はとくに教化的意義が大きい。

なお『存覚法語』は存覚上人が出雲路契縁禅尼《かいえんぜんに》の請により法義をのべてあたえたものであり、その教化的意義を注目すべきである。

しかしなんといっても民衆にたいする感化の大きかったのは、蓮如《れんにょ》の『御文』であろう。円如光融《えんにょこうゆう》によって編纂《へんさん》されて『蓮如上人御文』五巻（五帖《じょう》）が成立した。真宗大谷派《おおたに》（東本願寺《ひがしほんがんじ》）では「オフミ」というむかしからの呼称を保存し、本派（西本願寺）では明治以後『御文章《ゴブンショウ》』という。これをよむことによって民衆に感化をおよぼすということは、すでに蓮如の時代からおこなわれていた。それは蓮如自身の発意によってなされたことであるらしい。次のような事実がしるされている。

「蓮如上人堺の御坊に御座の時、兼誉御参り候。御堂《みどう》において、卓の上に御文をおかせられて、一人、二人、乃至五人、十人参られ候人々に対し、御文をよませられ候。其夜、蓮如上人御物語のとき仰せられ候。この間、面白きことを思い出で候。常に御文を一人なりとも参らん人にも読せて聞せば、有縁の人は信をとるべし。」

そうして蓮如が御文をつくったのは正しい信仰をつたえるためであった。

「御文のこと。聖教はよみがへもあり、こころえもゆかぬところもあり、御文はよみちがへもあるまじき、と、おほせられさふらふ。御慈悲のきはまりなり。これをききながら、こころえゆかぬは、無宿善の機なり。」

その後、徳川《とくがわ》時代から今日にいたるまで、民衆教化のためには、主としてこの御文がもちいられていた。今日ではその文章も多少わかりにくくなってしまったが、しかし一般の信徒は、なおこれを通じて真宗の信仰をえているのである（ただし両本願寺派においてのみ。高田《たかだ》派などではもちいない）。『御文』の解説書の類は非常に多い。当時の説教の内容を知るためには、たとえば次のような書がある。

『御文寸珍《オフミスンチン》』別名『御文講話』五巻、信暁《しんぎょう》（安永三―安政五　一七七四―一八五八）述、明治三十六年の刊本がある。

真宗にはそのほか物語風の説教の種本の類が非常に多い。真宗の説教は一種の節をともない、かかる説教を「節談《フシダン》」という。ナニワ節の一種に説教節があるが、それはここに由来するのであろう。

なお、蓮如自身の撰になる『御俗姓御文《ゴゾクショウオフミ》』も、真宗では重要なものとされ、報恩講の際などにとなえられるものである。ここでは氏素姓も不明であった民間の念仏行者、親鸞がいまや貴族の裔《すえ》にまつりあげられ、その門地が誇示されている。階位的秩序を重視する封建社会においては、このような説明によって民衆をひきつけたのであった。なお『蓮如上人御一代記聞書』は蓮如の言行録として重要である。

民衆の宗教としていちじるしい真宗においてはその後邦文による著作がおこなわれた。定専《じょうせん》撰『自要集《ジョウシユウ》』一巻、真宗高田派の立場から正統義を宣揚した真慧《しんね》撰『顕正《ケンショウ》流儀鈔《リュウギショウ》』二巻は『大正新修大蔵経』におさめられている。

真宗では上に指摘したようなカナガキの典籍が「仮名聖教《ショウギョウ》」としてとくに重要視されている。それの目録としては、慧琳《えりん》（一七一五—一七八九）撰の『真宗仮名教図録』一巻がある。一々の書について来由、撰時、異本などをしめしている。

なお真宗の信徒の伝記を集録した次の書も、民衆教化の実態を知るためには、見逃すことのできない重要な書である。

『妙好人伝《ミョウコウニンデン》』二巻、仰誓《ごうせい》（享保六―寛政六　一七二一―一七九四）等編、天保一三年刊、明治三〇年刊。同四巻、僧純《そうじゅん》（寛政三―明治五　一七九一―一八七二）編、弘化四年刊。

ここでは従来看過されていた民衆が表面に出ているのである。同じく『妙好人伝』の著者仰誓は『真宗小部集』八巻、附録三巻を編集したが、その中に収められた幾多の法語は、具体的な日常の実践に即して信仰を説いたものとして意義深い。民衆を重んずる立場は、教権の権威に対する批判と相即する。法霖《ほうりん》（元禄《げんろく》六―寛保《かんぽう》元　一六九三―一七四一）が『古数寄屋《ふるすきや》法語』（または『古数寄屋法語』）一巻においてのべている批判のことばは注目すべきである。元文《げんぶん》五年（一七四〇）に法霖が本山で講義したときに、「摂州《せっしゅう》には数万の御門徒有之《これ》候へども、真実の御門徒無之候。」といった。何故こんな過激なことをいうか？「其《その》故は、自分の御恩報謝とは申さず、ただ御本寺の御為〳〵と申され候。……そのうえ法義は喜び申さずして、銭金を集るばかりを法義のように心得られ候。」

浄土真宗は庶民の宗教としてひろまったものであったが、日本における資本主義の形成にいかなる役割をはたしたか、ということは、重要な研究課題である。

まだ充分な研究はなされていないが、特に徳川時代中期以後に浄土真宗の信仰が近江商人の商業活動の指導精神となっていた事実は注目すべきである。

時宗《じしゅう》は鎌倉時代に一般民衆の間に急速にひろまったが、それはその民衆的性格に由来すると考えられる。開祖である智真《ちしん》一遍《いっぺん》上人（一二三九―一二八九）の『一遍上人語録』二巻及び第二祖他阿《たあ》真教《しんきょう》上人（一二三七―一三一九）の『他阿上人法語』八巻も全編殆《ほと》んど邦文のみよりなる。

また一遍上人の伝記である『一遍聖絵《ひじりえ》』（『六条縁起』ともいう）十二巻と、上人と二祖他阿上人との伝記である『一遍上人絵詞伝』十巻の詞書《ことばがき》はやはり和文でかかれている。

なお鎌倉時代の浄土教民衆化についてとくに注目すべきことは、経文の延書《ノベガキ》が多くなされたことである。それは、仮名まじり文で経典を多くの民衆にわかりやすくしたものである。『浄土三部経』『往生要集』『選択集』などについてなされたものであるが、親鸞の『教行信証』の延書は非常に多く、少なくとも総計二十三種あったことがつたえられている。

同じく鎌倉時代におこった民衆の宗教である日蓮宗でも、邦文の述作が多くのこされていることは、いうまでもない。日蓮の『開目抄』二巻、『撰時抄』一巻、『報恩抄』二巻、『種種御振舞御書』一巻などはそれである。身延山における日蓮の法華経の講義の要点を筆録した日興の『御義口伝鈔』二巻、日向の『御講聞書』一巻は、法華思想の平明化へむかってすすみ出たものであろう。

法華経の信者ならざる行人から施物をうけずまたあたえない（不受不施）という主張をとなえて弾圧をうけた日興上人（文禄元年没《ぶんろく》）には、『念記』がある。かかるセクト的傾向のないものとしては、元政上人《げんせい》の著作が注目さるべきであろう。

徳川時代には日蓮宗は主として講社を組織してそれによって民衆教化をおこなっていた。日蓮宗では『法華経』の中心は『寿量品』であるとし、とくに自我偈《じがげ》がおもんぜられ、それが説教の題材とせられた。たとえば『お自我偈の功徳』というような書があるということである。

明治以後の日蓮宗の宗教家としては田中智学《たなかちがく》がとくに民衆と接触の多かった人であろう。かれは既成教団から離脱して民衆のなかにあって国柱会《こくちゅうかい》を組織した人であるからである。かれの『法華経魂魄』はとくに一般から歓迎された書であった。

なお日蓮宗信徒のあいだでは開祖として日蓮個人を崇拝する傾向がいちじるしいから、日蓮の伝記を絵図と文章でしめしたものが、とくに流行し歓迎された。

三、禅の民衆化

禅は貴族的なものであり、えらばれたすぐれた少数の人々のみがちかづきうるものであると一般に考えられている。しかし、それであるからこそ、一見矛盾をふくんだような「禅の民衆教育」ということを問題にしたいのである。われわれはすでに、日本仏教一般において民衆のための思想的教化ということがかろんぜられていた事実を指摘しておいた。いま禅についても、同様の事情をみとめることができる。禅も禅そのものとしては一般民衆のあいだにひろまることができなかった。それは呪術儀礼的なものとむすびつくことによってはじめて民衆とむすびつくことができた。これに反して民衆が思想的な理解をもつようにということをのぞんでいたのは、ごく少数の人々だけであり、それは一般の禅僧の関心外にあった。この事実を、鉄眼《てつげん》の『仮字法語』出版者が明言している。

「禅宗はじめて此国につたはりてよりこのかた、大和言葉をもて心要をのぶる人いくばくなし、わずかにただ無住《むじゅう》禅師の沙石集、夢窓《むそう》国師の夢中問答の書のみなり。其他あまたあれど、みなこゝろまどかなる物にもあらず。」

民衆のために、民衆自身のことばをもって仏教をとく禅僧が、あまりいなかったのである。この事実をわれわれは注視しなければならない。

道元（一二〇〇—一二五三）が『正法眼蔵《ショウボウゲンゾウ》』九十五巻を邦文で著したということは、日本の仏教史上においても劃期《かっき》的《てき》な事がらである。しかしそれは民衆のためのものであったとはいいがたい。『永平広録』とか『宝慶記』『永平清規』のような重要な書は漢文で記されている。また近年金沢文庫《かなざわぶんこ》から漢文の『正法眼蔵』の零本が発見され、学界に問題をなげている。『正法眼蔵』は有名であるから、とくにとりたてていう必要もないであろう。道元に帰せられている『永平仮名法語』は親切な教示である。建《けん》長《ちょう》二年に「山下老夫婦に之を授与し畢る。」という。この書は用語が道元の著作一般のそれとことなっているので、後代の附託であるとみとめられている。しかし民衆教育という視点から考えるならば、とくに注視すべきものであろう。

道元の後嗣である孤雲懐奘《コウンエジョウ》禅師には『光明蔵三昧《コウミョウゾウザンマイ》』一巻という仮名法語がある。歴代仏祖の相承と達磨《だるま》大師の「廓然《かくぜん》無聖」と「不識」の公案を解説している。またかれが平素道元に随従してその言行を集録した『正法眼蔵随聞記《ズイモンキ》』六巻はきびきびした名文よりなる。徳川時代にその板本が相当に普及していたことをみると、ある意味で民衆教育に資せられていたようである。

無住国師（一二二六―一三一二）の『沙石集』は有名であるが、かれにはそのほかに『聖財集《シヨウザイシユウ》』三巻、『雑談集《ぞうたんしゅう》』三巻或《あ》いは十巻、『妻鏡』一巻がある。後者はとくに婦人に示した法語であるという点で注目すべきである。

『聖一国師法語』は東福寺《とうふくじ》の開祖聖一《しょういち》国師（円爾《えんに》弁円《べんえん》一二〇二―一二八〇）が大相国《だいしょうこく》九条道家《くじょうみちいえ》にあたえた垂示である。法燈《ほっとう》国師（心地《しんち》覚心《かくしん》禅師一二〇七―一二九八）にも『法燈国師法語』が存する。『大応《だいおう》国師法語』は大応国師（南浦紹明《なんぽじょうみん》一二三五―一三〇八）が道俗有縁の人々にあたえた書簡などをまとめたものである。『大燈国師法語』は大燈《だいとう》国師（宗峰《しゅうほう》妙超《みょうちょう》一二八二―一三三七）が当時の貴族及び萩原法皇の后《きさき》にあたえた垂示である。

『枯木集』三巻は東福寺の九世癡《ち》兀大慧《こつだいえ》禅師（仏通《ぶっつう》禅師一二二九―一三一二）が弘安《こうあん》六年にある禅尼に垂示したことを門人らがかたわらで筆記したものであるという、問答体できわめて懇切丁寧に教えられている。かれはもとは天台宗の学匠であったために、天台宗や密教の教理が口をついてあらわれる。禅家独得の室内のさばきもあざやかである。

他方曹洞《そうとう》宗では、総持寺《そうじじ》の開山瑩山紹瑾《けいざんじょうきん》禅師（一二六八―一三二五）の『伝光録』二巻はインドからの禅の相承の次第を邦文でしるしている。元来は提唱の記録を侍者が編纂したものであって著述ではない。

　これらにつづいては、夢窓国師疎石《そせき》（建治《けんじ》元—観応《かんのう》二　一二七五—一三五一）の『夢《ム》中問答集《チユウモンドウシユウ》』三巻を問題とすべきであろう。本書は足利直義《あしかがただよし》が夢窓国師に参禅し、八十有余の問をはっして修道の必要をただしたのにたいして、一々これにこたえた法語を集録したものであり、当時としては、通俗平易にしるされている。民衆のための書とはいえないが、邦文でわかりやすく著されたものである点に注目すべきであろう。『夢中問答集』を非難して、浄土宗の智演《ちえん》上人が『夢中松風論』を書いた。それにたいして夢窓国師はさらに『谷響集』二巻を著してそれを反駁《はんばく》した。この書は禅僧が浄土教をいかにみなしたかを知るためには重要な資料である。『二十三問答』一巻は夢窓国師が道俗の問に応じて一々垂示したものであり、『夢窓仮名法語』は多くの道歌を収録し、気楽によめる書である。

　またおなじくこの時代の臨済《りんざい》宗のものとして月庵宗光《そうこう》禅師（一三二六—一三八九）の『月庵《ゲッタン》仮《カ》名《ナ》法語《ホウゴ》』がつたわっている。

　これにたいして曹洞宗では大智《だいち》禅師（一二九〇—一三六六）が菊池《きくち》武重《たけしげ》に垂示したものとして『大智仮名法語』があり、同じく坐禅実修上の用心を垂示したかれの『十二時法語』とともにつたえられている。かれは「有漏の業報きたりのぞまば、之を捨つること糞土泥唾の如くにしてとることなかれ、これ在家の菩薩最上の用心なり。」といって、武士に死の覚悟を教えたのである。

総持寺の二世峨山《ガサン》禅師（一二七五―一三六五）には『峨山仮名法語』があり、明峰《めいほう》素哲《そてつ》禅師（一二七七―一三五〇）には『智首座に与ふる法語』があり、その法をついだ僧生禅師には『僧生仮名法語』がある。

従前の仮名法語の多くは、僧侶或いは貴族のためのものであったのにたいして、抜隊禅師（一三二七―一三八七）の仮名法語は最初から民衆のためのものであった。かれは臨済宗の向獄寺《こうがくじ》派の祖である。

『抜隊仮名法語《バッスイカナホウゴ》』一巻。これはかれが僧尼道俗にあたえた法語十三章をおさめてある。他の禅僧の、かな法語が多くはなお漢文句調であったのに、この書ははじめから仮名文をもって草せられただけあって、文辞もきわめて平易である。

『塩山和泥合水集《エンザンワデイガッスイシュウ》』三巻あるいは一巻。抜隊禅師が折にふれて僧尼道俗の疑問にこたえた垂示説話を随侍の僧が集録し、禅師の認許をえて冊子としたものである。

つづいて有名な一休宗純《いっきゅうそうじゅん》（一三九四―一四八一）には『一休仮名法語』、『骸骨』、『水鏡目なし用心抄』などがある。

なお室町《むろまち》時代には、一般に禅宗が興隆するにつれて、宋の廓庵師遠《かくあんしおん》の著である『十《ジュウ》牛図頌《ギュウズジュ》』がひろく流行した。これは、人が荒野を奔走して牛をもとめ、自分の家につれてかえる経過を十の図と頌でしめし、人が本来存する仏性を見出《みいだ》す（見性《ケンショウ》の）次第にことよせて説明しているのである。

近世にはいるとともに、邦文で述作する禅僧が次第に多くなった。沢庵《たくあん》（一五七三—一六四五）はとくに有名である。かれの著のうちでも『不動智神妙録《フドウチシンミヨウロク》』は柳生但馬守宗矩《やぎゅうたじまのかみむねのり》が心要を問うたのにこたえ、あるいはおりにふれて垂示した法語をあつめたものであり、禅が武道にいかされる極意をといている。沢庵の指導をうけた仏頂国師《ぶっちょうこくし》には『大梅山夜話』がある。

しかし禅僧のうちで近代性が顕著な人は鈴木正三《ショウサン》（一五七九—一六五五）であろう。かれは徳川家の旗本であったが、ふと感ずるところあり、出家した。かれはむしろ仏教学にかんしては無学であることをほこり、民衆のためにはもっぱらかなの邦文でのみ著作をおこなった。次にかれの著作を紹介しよう。

世俗的な職業生活にひたすら精励することがそのまま仏道修行であるといたところに、鈴木正三の思想のもっともいちじるしい特徴が存する。この趣意を明らかにするために、かれはとくに『万民徳用』という書を著した。この書は、正三の第一の主著であると、かれの門流によって一般にみとめられていた。従来日本の多くの仏教者は、世間を離脱して、山林のうちに隠棲《いんせい》して、禅定を修するとか、あるいは念仏読経に専心するとかいうことが、仏道修行であると考える傾向がつよかった。ところが正三は、従来の隠遁《いんとん》的な見解に反対して、世俗的な生活のうちに仏道修行を実現しようとする。「仏法修行は、もろもろの業障を滅尽して、一切の苦を去る。此の心即ち士農工商の上に用いて、身心安楽の宝なり。」といい、また「仏法は渡世身過に使う宝也。」と教える。かれによれば、いかなる職業でも仏道修行であり、万民すべてそれによって仏となることができるのである。「何の事業も、皆仏行なり。人々の所作の上において成仏したまうべし。」職業倫理のうちに仏教の中核があるといたのは、正三が日本では最初であると、みずからほこっている。かれの主張はカルヴィニズムのそれと対比して考察さるべきであろう。しかしそこには資本主義的な活動として展開し得る理論を蔵しながら、現実の力とはならなかったという点に、われわれの考うべき問題が存する。

『盲安杖《モウアンジョウ》』一巻

これは元和《げんな》五年かれが大坂城番士勤務中（すなわち在俗のとき）の述作であり、かれの最初の著作である。正三の朋輩《ほうばい》に儒者があり、「仏道は世法に背く。」といったので、それにたいしてこれをかいたのだという。

『麓草分《フモトノクサワケ》』

この書は、「仏道修行におもむく人は、浅きより深きに入り、麓の草をわけて頂上にのぼるべし。修行未熟にして、向上に至る事かたし。」という趣意で、主として出家した僧侶のために、修行及び心得十七条を丁寧にといたものである。かれはこの書を一種の教科書としてもちいて講義をしていたこともあった。またある婦人はかれのこの書をよんで非常に感動したという。

かれは物語のかたちを、仮名草子の類をあらわすことによって民衆に仏教信仰をうえつけようとした。

『二人比丘尼《ニニンビクニ》』二巻

この書は正三が「悲母の為め」に著したものだという。その内容は下野《しもつけ》の住人須田《すだ》弥兵衛《やへえ》が討死したために、かれの年若き妻は寡婦となったので、家をでて、一人の女性《にょしょう》に仏の道をきかされ、また亡夫の討死の場所にいたって回向《えこう》して冥福《めいふく》をいのり、さらに一人の女性とあってともに日をおくっていると、その女性が死に、その骸《むくろ》のくちてゆくさまをみて無常の理《ことわり》をさとり、老比丘尼を師として尼となり、衆生を済度《さいど》して、大往生をとげた次第を叙している。この書は、近世初期における仏教的信仰の濃厚な草紙として有名である。このうちには、謡曲の文句が多くあらわれてくるが、それは著者が謡曲を平生吟誦《ぎんしょう》していたからであろう。また一休に仮託されている諸作品の影響をうけている。

『念仏草紙』一冊

この書について、かれの門人恵中《けいちゅう》は「念仏双紙は、松平和泉殿御袋（＝和泉守乗寿《いずみのかみのりなが》の母）の所望に仍《より》てほんぐ（反古？）のうらの等閑に書き示し給ふ所也。」としるしている。この書は上、下にわかれ、下総国豊田郡飯沼《しもうさとよだいいぬま》の荘太田《おおた》の里なる井上又太郎《いのうえまたたろう》の女《むすめ》が、父母の菩提《ぼだい》をとむらうために、二十歳にもみたないのに髪をおろし、けんじゅ比丘尼と名をつけて、諸国修行におもむいたが、同じ里に平内佐衛門《へいないさえもん》という四十余の男があり、かの女の発心にうごかされ、おなじく剃髪して行脚の身となり、貞安上人《じょうあん》にあって念仏の安心《あんじん》をうけ、その弟子となって、名を叶誉幸阿といい、慶長《けいちょう》六年七月常州結城《じょうしゅうゆうき》の人々とともに越前におもむき、翌年三月たまたまかの比丘尼がやはり越《えち》前《ぜん》にきたのにあい、法談した由をしるして、念仏の利益をといたものである。正三は禅僧であったけれども、民衆のためには念仏をといた。

『因果物語』三巻

これは正三が民衆教化のために集成した霊異譚《たん》である。この書について門人恵中は「因果物語は、人の霊化物語をなす毎に、加様のことを聞捨にするは、無道心のこと也。末世の者、加様のことを証拠と作《な》して進まずして、何を以て進まんやと云って集め給う。」としるしている。カタカナ本は上中下三冊、およそ百三十条の物語をふくむ。ヒラガナ本は六巻あるが、それは正三の輯録したものではなくて、後人が他の物語を附加し、内容を物語風に一層面白くしたものである。

当時の日本においてキリシタンがきわめて刺戟《しげき》的な存在であったことは、いうまでもない。島原《しまばら》の乱の平定されたのちに、正三の実弟、鈴木三郎《さぶろうく》九郎《ろう》が天草《あまくさ》の代官であったので、正三は、六十三歳の老齢で天草におもむき、キリシタン宗門の影響をのぞくことに努力した。かれはその地に三十二の寺院を建立した。かれはここで『破吉利支丹』一巻を著し、一本を寺ごとにおさめた。この書においては、九ケ条にわけて、キリスト教の教義を仏教の立場から論難している。

正三の人物を知るためには、次の二書はとくに注目すべきである。

『驢鞍橋《ロアンキヨウ》』三巻

正三が世人を教化した言行を、門人の恵中がつねにその傍に侍して、きくにつけみるにしたがって書きつけたものである。これは佐賀《さが》藩『葉隠《はがくれ》』の山本常朝《やまもとつねとも》なども愛読した書である。

『反故集《ホゴシユウ》』

上下二冊あり、上巻には正三自身の断片的な文章をおさめ、下巻には正三の書簡と、正三の言行を門人が集録した「聞書」とをおさめている。「聞書」の部分を単行したものを「石平山聞書」という。いわば、『驢鞍橋』の続篇のようなものであるが、道人の肉筆にもとづいて編纂されたものである点で重要である。

かれは布教伝道の意識がきわめて旺盛《おうせい》であったために、このように多くの書を著したのであろう。「少しなりとも志有る者には、無理にも仏法すり付けたく思ふなり。」という。

なお『莫妄想』を鈴木正三の著であるとなす説もあるそうであるが、これは実は正《しょう》徳《とく》享保頃の人の著であるらしい。

鈴木正三は徳川時代初期の人であったし、ことに武士の出身であったから、封建時代の思想的制約をまぬがれていない。しかしそれにもかかわらず、かれのうちには当時の一般仏教家にはみられぬ新しいものをふくんでいる。その新しい要素を追求してゆくと、やがては中世的封建的な倫理を否定するにいたるかもしれぬ問題をふくんでいる。それは結局未発展におわったが、この点でかれの思想はとくに注目さるべきである。

正三の弟子恵中が民衆のために著した書としては『海上物語』がとくに重要であり、

これは一種の教化物語である。この物語のすじは、明暦《めいれき》二年八月長崎から薩摩《さつま》へおもむく便船の中で、六十歳ばかりの坂東《ばんどう》方の老僧がいて、乗合の士農工商を相手に、卑近な譬喩《ひゆ》をとって道をとき、舟が薩摩潟につくまでに船のなかの人々をことごとく教化しおおせたようにつづっている。当時あらわれた数種の仮名草紙のうちでは、もっとも小説的趣味にとむものであり、当時の面白い瑣談《さだん》逸話をのせている。ただ正三が殉死に反対し、幾多の封建倫理に抗議しているのに、『海上物語』は殉死をかならずしも否定しなかった。この点では正三の改革的精神が一歩後退したようである。

そののちにも民衆に向って教化しようとした禅僧は少なくなかった。至道《しどう》無難禅師（一六〇三―一六七六）はその一人である。『無難禅師仮名法語《ムナンゼンジカナホウゴ》』二巻はかれの晩年の法語をあつめたものであり、そのうちには道歌七十二首を収めてある。自序に「人の嘲を忘れて、即心記、自性記二冊の法語を作る、若き童女のためにやらならんかし。」とある。すなわち童女のために教えをとくことは、当時の一般禅僧からは嘲笑に値することであったことが知られる。しかしそれを敢《あえ》てした無難のことばは、親しみ易く、近づき易く、あたたかな情を感じさせる。

無難禅師の法嗣として正受老人《しょうじゅ》がある。かれは白隠《はくいん》の師であるが、『法語一日暮し』がある。

『大道仮名法語』は大道禅師が播州《ばんしゅう》明石で僧俗に教示したことをその席上で筆記したものである。師は慶安《けいあん》頃の人であろうか。

民衆的性格のいちじるしかった禅僧として、われわれは鉄眼禅師道光《どうこう》（一六三〇—一六八二）をあげねばならない。かれは一切経開板の資金を世人からあつめ、しかも饑饉《ききん》にあうと、その資金を民衆救済のためになげだしてしまった。この有名な史実は、かれの民衆的性格を物語るものであろう。『鉄眼禅師仮名法語《テツゲンゼンジカナホウゴ》』一巻は個人存在を構成している要素とされる色、受、想、行、識の五蘊《ごうん》の真義をあきらかにといたものである。黄檗《おうばく》宗はまったく中国風であって漢文のみをもちいて述作していたのに、かかる漢文万能時代にかれが断乎《だんこ》として邦文で述作したところに、かれの信念がうかがわれる。

おなじく黄檗のものとしては、潮音《ちょうおん》禅師（一六二八—一六九五）の『霧海指南』がある。大乗仏教の実践倫理である四弘誓願《しくせいがん》および六度（布施、持戒、忍辱《にんにく》、精進、禅定、智慧《ちえ》）を詳論している。

民衆を教化したという点で特に注目すべきは、盤珪《ばんけい》禅師（正眼《しょうげん》国師一六二二—一六九三）である。かれは従来の禅僧とはことなって「舌三寸」をもって民衆に教えをとくことを標榜《ひょうぼう》していた。その語録は講述をそのまま筆記したものであるから、その内容は非常にわかりやすい。当時の講義の口調を知るためにも貴重な資料である。盤珪禅師の特色の一つは、従来の禅宗の教養的な、むずかしい文字をもてあそぶ有閑者的、遊戯的な弊風を公然と否認して、民衆の仏教であることをめざした点にある。この点において、盤珪は、鈴木正三と相並んで、日本禅思想史上において革命的意義を有する人である。

「身どもも若い時分には、ひたと問答商量をしてもみましたが、しかしながら、日本人に似あったように、平話で道をとうがようござる。日本人は漢語につたのうござって、漢語の問答では、思うように道がといつくされぬ者でござる。平話で問ばどのようにも、問われぬという事はござらぬ。すればといにくい漢語で、精はって問まはらうより、といやすい辞《コトバ》で精はらず、自由にとうたがようござる。それも又漢語でとわねば道成就せぬといわば、漢語で問うがようござれども、日本の平話で結句よう自由にとわれて相すむに、問いにくい語でとうは、下手な事でござる。した程に皆そう心得て、いかようなことでござろうとままよ、遠慮せず、自由な平話でとうて、埒明さっしゃれい。埒さえ明ば心やすい平話程、重宝な事でござらぬか。」

「平話」すなわち日常の会話用語によって禅の本質を明らかにしようとする企図は、盤珪においてあらわれただけで、その後また中絶してしまった。そしてそれと共に禅の近代化も停止してしまったようである。

なおかれの著『心経抄』は般若心経《はんにゃしんぎょう》にとかれている空の意義をといたものである。丈草禅師《じょうそう》（俗姓、内藤《ないとう》氏一六六二―一七〇四）は芭蕉《ばしょう》門下十哲の一人といわれるだけあり、その著『ねころび草』（元禄七）は他のかな法語とはおもむきをことにし、美文をもってつづられている。人生はつねなく山水のとどまらぬように、人身もまた朝露に喩《たと》うべき理をのべ、ただ死を思うとき、道念がおのずからおこるということをとく。沢水禅師（元文の末一七四〇年頃に寂す）のかな法語も人生の根本問題について具体的な教示をあたえている。

徳川時代における曹洞宗の教学の大成者は面山瑞方《メンザンズイホウ》（一六八三―一七六九）であった。かれの活動は主として教義学のほうにむかっていたが、一般民衆のための書をも著している。『自受用三昧《ジジュヨウザンマイ》』一巻は坐禅の要義を僧俗のためにわかりやすくといた書である。『受食五観訓蒙《ジュジキゴカンクンモウ》』一巻は食事の際には五つのことを観じて恩を謝しなければならぬということを教えているものである。

また萬仭道坦《バンジン》（一六九八―一七七三）の『禅戒鈔《ゼンカイショウ》』（くわしくは『仏祖正伝禅戒鈔』）はかなまじりの平易な行文で、仏教徒のまもるべき戒律、殊に曹洞宗で重視されているもの（三帰依、三聚浄戒《さんじゅじょうかい》、十重禁戒の十六条戒）を詳釈している。

臨済禅《りんざいぜん》を全国にひろめたのは、いうまでもなく白隠《はくいん》禅師慧鶴《えかく》（正宗《しょうじゅう》国師一六八五―一七六八）である。かれの『辺鄙以知吾《へびいちご》』は藩侯たるものの心得をといたものであり、鍋島《なべしま》侯にたいしてこたえた消息文であるという。また『仮名法語』はある居士《こじ》にあたえた書簡である。『さし藻草』も同様の性格のものである。

『遠羅天釜《オラテガマ》』三巻は三書よりなる。第一書は武士に参禅の用心をとき、第二書は病僧に病中の修行の用心を説示し、第三書は法華宗の老尼にたいして白隠の法華経観をといたものである。

『夜船閑話』は白川の白幽子《はくゆうし》からうけたという内観の秘訣《ひけつ》をとき、病をのぞき気をやしなうしかたを教えている。『辻談義』は晩年に初心の者のために禅の心得をといたものである。

しかしかれにおいてとくに注目すべきことは、かれが大衆にうけいれられやすいかたちにおいて禅をといたことである。たとえば、売薬商人の口上をまねて「見性成仏丸《けんしょうじょうぶつがん》」という文をつくって面白おかしく禅をといている。『見性成仏丸方書』は、「私事は、小田原勇助と申して、生れぬ先の親の代から薬屋でござります。押売は天下法度でござりますけれども、まず功能の一通り、おききくだされませ。私売弘《ひろ》むるところの薬は、見性成仏丸と申して、直指人心《じきしにんしん》入りでござります。此の薬をおもちいなされますれば、四苦八苦の病をしのぎ、三界浮沈の苦みも、六道輪廻《りんね》の悲みも、安楽になります。」

とときおこし、

「先はあらあら、さあさあ御用いなされぬかと申では、かないません。」

と結んでいる。『粉引歌』『安心ほこりたた記』『大道ちよぼくれ』『施行歌』『御代の腹鼓』も同種の性質のものである。さらに『おたふく女郎粉引歌』では、女郎にこと、よせて禅をといている。すなわち、

「女郎の誠とたまごの四角、みそかみそかの能《よ》い月夜、天じやくと皆おしやる。てんのとがめもいやでそろ、文のかずく恋しこがれても、わしは当座の花はいや、数の男の思いもこわい、見目の好《よ》いのも気の毒じや、器量好しめと誉めそやされて、男ぎらいのひとり寝を、命取りめと皆様おしやる、わしは命はとらぬもの、那須《なす》の与市《よいち》は矢さきで殺す、おふくが目もとで人ころす、かずの殿子はかぎりもないが、わしがいとしはただひとり。……」

「恋にこがれて命も抛《はな》ち、肝心要《かなめ》の小歌の文句を、老男さん老女さん皆様聞ない、諸行は無常じや是生滅法、生滅滅已で寂滅為楽とあってもしれぬ弘法大師が、いろはに

ほへとに解《さばへ》ておかれた、それでもすめずば樗木連坊主《ちょぼくれ》が大小取雑《とりまぜ》しゃべる《しやべる》をきかんせ、真に浮世は墓ないものでな。……」

という調子で説いている。ここでは禅が平明化されたのではなくて、むしろ低俗化されている。

医師であった「虚室生白《こしつしょうはく》」という人（宝暦年間《ほうれき》）が「師」である、ある禅僧の教えをしるした『猿法語』三巻は、現実社会における実践倫理のうちに禅をみいだそうとする。ここにはきわめて近代的な批判的精神があふれている。たとえば、かれは永続的な私有財産の観念を否認している。

「自他をへだてず、金銀財宝は、天下の宝にして、他に在るも他の宝にあらず、自分に所持をするとも自分の宝にてもなし。只他人の手に滞りてうごかざれば、其分用ゆることなく、また自分におさめてはたらかぬも、なお石を積みておくも同じ。故に何にても他につかわして、其金銀をうごかし、又手前の金銀も出して、余所《よそ》より物を取りあつめ、其うごかす徳によりて、人にも利をあたえ、我も利を得て、妻子けんぞくを恵む、此慈悲平等の念にてあきなう時は、是れ道のきわまる菩提なり、今日かくの如く道明に正しき時は、明日とてもうたがう事なし。されば今生正しくんば、未来の事露程も念じ煩う事有るべからず。」

かれは、世俗的な経済倫理にそくして慈悲平等の理を実現することのうちに、解脱への道をみいだしていたのである。『快馬鞭《カイバベン》』一巻は東嶺円慈《とうれいえんじ》（享保六—寛政四　一七二一—一七九二）の法語及び道歌を霧隠《むいん》が編集したものであり、仮名文で禅道仏法の深意をあきらかにしてある。

なお曹洞宗には月舟和尚《ゲッシュウオショウ》（一六一八—一六九六）の『月舟仮名法語』、卍庵《まんじあん》和尚（宝《ほう》永《えい》頃）の『卍庵仮名法語』などがあり、徳翁良高《とくおうりょうこう》禅師の『西来法語』、天桂《てんけい》禅師（一六四八—一七三五）の『供養参《クヨウサン》』、指月《しげつ》禅師（一六八九—一七六四）の『指月仮名法語』、為霖《いりん》禅師の『ますほのすゝき』（文化《ぶんか》十三）も知られている。『永平正宗訓《エイヘイショウジュウクン》』一巻は本秀《ほんしゅう》（？—弘化四　？—一八四七）の編にかかり、『正法眼蔵』および『正法眼蔵随聞記』のなかからとくに在俗信者に適切な箇所をとりだして、一書にまとめたものである。明治三十三年に曹洞宗では道元の著作のなかから在俗信者のための教えの文句をとりだして『曹洞教会修証義』を編纂するが、それの先駆ともみなすべきもので、共通の材料がみとめられる。

以上は諸宗派における仮名法語の類をざっと考察したものであるが、諸宗派を通じて、一般的傾向としては、最初は貴族のためにかかれ、後代になるとともに民衆のためのものが多くなったということができるであろう。しかし過去の日本文化における仏教の重要な意義を思うとき、この種類の書があまりにも少なすぎたといわねばならぬ。なお仏教が民衆に感化をおよぼすにあたっては、正式の僧侶とはいいがたい民衆宗教家の感化というものも軽視しがたいものがある。しかし現在主として問題としているる「かな法語」からはそれているから、いちおう問題外としておこう。

あとがき

以上は徳川時代までを主としての主要な仮名法語の紹介をしただけにとどまる。注意すべきものは、なおそのほかにも多く存するはずであるが、わたくしが気がつき、または興味をかんじたものを若干紹介してみた次第である。したがってこれは単なる手びかえにすぎない杜撰《ずさん》なものであるが、いちおうこのようなみとおしのもとに、仏教の民衆化ということを他日さらに考察したいと思い、ひとまずまとめてみた。

なお仏教僧が民衆にむかって仏教教理を講義する場合に、あのむずかしい仏教語をそのまま用いたのでは、一般民衆には到底了解されないはずである。かれらはそれをやさしい邦語にかきかえて表現した。そのかきかえを集成してみたいと思い、かつて東京大学印度哲学研究室の諸君の助力をえて、約百種の書について、一々仏教語の邦訳への書きかえを集録してみた（中村元『仏教語邦訳辞典』、大東出版社）。道元の著作に対する諸註解真宗聖典に対する講録の類は特に参考となる。

民衆教育という点ではなお高僧の伝記、和歌、紀行文等の類もあげねばならぬが、今は大部分を割愛した。

〔附記〕

民衆のため、平易なことばで仏教をといた書として、むかしの日本にどのようなものがあったか、ということについて、先年、日本教育史学会において質問をうけ、それの解説を、同学会の紀要にかくことを石川謙《いしかわけん》博士が依頼せられた。その後、「仏教の民衆教化――かな法語を中心として――」という題で、いちおう原稿をまとめたが、都合により石川博士還暦記念論文集に掲載された。そのとき筆者は海外に滞在していて、増訂の余裕がなかったので、とくにかな法語を研究しておられる畏《い》友《ゆう》古田《ふるた》紹欽《しょうきん》氏にお願いして一読をわずらわした。大過なきものと思いなして発表できたのは同氏のお蔭《かげ》であるが、いまかなり大きく増補をおこなったから、欠点はすべて筆者の責任である。むかしのカナガキの法語や説教書の類は、まだ充分に活字にされていないし、まして世人によっても割合にとりあげられていない。徳川時代の板木はかなり残っていたはずであるが、出版元の旧家が業をやめると、処分するし、また戦時中は板木がかなり大規模に燃料にされたとのことである。板木はたいてい桜の木なので、燃料としては好適であったという。かくしていまの世人の眼からはますます遠ざかるであろう。力量ある具眼の士によって、その意義がいかされることを期待する。

本書は、一九五六年十月に実業之日本社より刊行されました。

東方《とうほう》の言葉《ことば》

中村《なかむら》 元《はじめ》

令和3年 5月25日 初版発行
令和6年 11月30日 再版発行

発行者●山下直久

発行●株式会社KADOKAWA
〒102-8177 東京都千代田区富士見2-13-3
電話 0570-002-301(ナビダイヤル)

角川文庫 22686

印刷所●株式会社KADOKAWA
製本所●株式会社KADOKAWA

表紙画●和田三造

●お問い合わせ
https://www.kadokawa.co.jp/ （「お問い合わせ」へお進みください）
※内容によっては、お答えできない場合があります。
※サポートは日本国内のみとさせていただきます。
※Japanese text only

ISBN 978-4-04-400642-6 C0115

角川文庫発刊に際して

角川源義

第二次世界大戦の敗北は、軍事力の敗北であった以上に、私たちの若い文化力の敗退であった。私たちの文化が戦争に対して如何に無力であり、単なるあだ花に過ぎなかったかを、私たちは身を以て体験し痛感した。西洋近代文化の摂取にとって、明治以後八十年の歳月は決して短かすぎたとは言えない。にもかかわらず、近代文化の伝統を確立し、自由な批判と柔軟な良識に富む文化層として自らを形成することに私たちは失敗して来た。そしてこれは、各層への文化の普及滲透を任務とする出版人の責任でもあった。

一九四五年以来、私たちは再び振出しに戻り、第一歩から踏み出すことを余儀なくされた。これは大きな不幸ではあるが、反面、これまでの混沌・未熟・歪曲の中にあった我が国の文化に秩序と確たる基礎を齎らすためには絶好の機会でもある。角川書店は、このような祖国の文化的危機にあたり、微力をも顧みず再建の礎石たるべき抱負と決意とをもって出発したが、ここに創立以来の念願を果すべく角川文庫を発刊する。これまで刊行されたあらゆる全集叢書文庫類の長所と短所とを検討し、古今東西の不朽の典籍を、良心的編集のもとに、廉価に、そして書架にふさわしい美本として、多くのひとびとに提供しようとする。しかし私たちは徒らに百科全書的な知識のジレッタントを作ることを目的とせず、あくまで祖国の文化に秩序と再建への道を示し、この文庫を角川書店の栄ある事業として、今後永久に継続発展せしめ、学芸と教養との殿堂として大成せんことを期したい。多くの読書子の愛情ある忠言と支持とによって、この希望と抱負とを完遂せしめられんことを願う。

一九四九年五月三日

角川ソフィア文庫ベストセラー

仏教の思想 2
存在の分析〈アビダルマ〉

櫻部　建
上山春平

ブッダ出現以来、千年の間にインドで展開された仏教思想。読解の鍵となる思想体系「アビダルマ」とは？　ヴァスバンドゥ（世親）の『アビダルマ・コーシャ』を取り上げ、仏教思想の哲学的側面を捉えなおす。

仏教の思想 3
空の論理〈中観〉

梶山雄一
上山春平

『中論』において「あらゆる存在は空である」と説き、論理全体を究極的に否定して根源に潜む神秘主義を肯定したナーガールジュナ（龍樹）。インド大乗仏教思想の源泉のひとつ、中観派の思想の核心を読み解く。

仏教の思想 4
認識と超越〈唯識〉

服部正明
上山春平

アサンガ（無着）やヴァスバンドゥ（世親）によって体系化の緒につき、日本仏教の出発点ともなった「唯識」。仏教思想のもっとも成熟した姿とされ、ヨーガとも深い関わりをもつ唯識思想の本質を浮き彫りにする。

仏教の思想 5
絶対の真理〈天台〉

田村芳朗
梅原　猛

六世紀中国における仏教哲学の頂点、天台教学。法然・道元・日蓮・親鸞など鎌倉仏教の創始者たちは、最澄が開宗した日本天台に発する。豊かな宇宙観を湛える、天台教学の哲理と日本の天台本覚思想を解明する。

仏教の思想 6
無限の世界観〈華厳〉

鎌田茂雄
上山春平

律令国家をめざす飛鳥・奈良時代の日本に影響を与えた華厳宗の思想とは？　大乗仏教最大巨篇の一つ『華厳経』に基づき、唐代の中国で開花した華厳宗の複雑な教義をやさしく解説。その現代的意義を考察する。

角川ソフィア文庫ベストセラー

角川ソフィア文庫ベストセラー

仏教の思想 12　永遠のいのち〈日蓮〉　紀野一義　梅原猛

「古代仏教へ帰れ」と価値の復興をとなえた日蓮。永遠のいのちを説く「久遠実成」、宮沢賢治に数多の童話を書かせた「山川草木悉皆成仏」の思想など、日蓮の生命論と自然観が持つ現代的な意義を解き明かす。

無心ということ　鈴木大拙

無心こそ東洋精神文化の軸と捉える鈴木大拙が、仏教生活の体験を通して禅・浄土教・日本や中国の思想へと考察の輪を広げる。禅浄一致の思想を巧みに展開、宗教的考えの本質をあざやかに解き明かしていく。

新版 禅とは何か　鈴木大拙

宗教とは何か。仏教とは何か。そして禅とは何か。自身の経験を通して読者を禅に向き合わせながら、この究極の問いを解きほぐす名著。初心者、修行者を問わず、人々を本格的な禅の世界へと誘う最良の入門書。

日本的霊性 完全版　鈴木大拙

精神の根底には霊性（宗教意識）がある――。念仏や禅の本質を生活と結びつけ、法然、親鸞、そして鎌倉時代の禅宗に、真に日本人らしい宗教的な本質を見出す。日本人がもつべき心の支柱を熱く記した代表作。

仏教の大意　鈴木大拙

昭和天皇・皇后両陛下に行った講義を基に、キリスト教的概念や華厳仏教など独自の視点を交え、困難な時代を生きる実践学としての仏教、霊性論の本質を説く。『日本的霊性』と対をなす名著。解説・若松英輔

角川ソフィア文庫ベストセラー

東洋的な見方　鈴木大拙

英米の大学で教鞭を執り、帰国後に執筆された、大拙自ら「自分が到着した思想を代表する」という論文十四編全てを掲載。東洋的な考え方を「世界の至宝」と語る、大拙思想の集大成！　解説・中村元／安藤礼二

般若心経講義　高神覚昇

『心経』に込められた仏教根本思想『空』の認識を、その否定面「色即是空」と肯定面「空即是色」の二面から捉え、思想の本質を明らかにする。日本人の精神文化へと誘う、『般若心経』の味わい深い入門書。

新版　歎異抄　現代語訳付き　訳注／千葉乗隆

愛弟子が親鸞の教えを正しく伝えるべく、直接見聞した発言と行動を思い出しながら綴った『歎異抄』。人々を苦悩から救済することに努めた親鸞の情念を、わかりやすい注釈と口語訳で鮮やかに伝える決定版。

真釈　般若心経　宮坂宥洪

『般若心経』とは、心の内面の問題を解いたものではなく、具体的な修行方法が説かれたものだった！　経典成立当時の古代インドの言語、サンスクリット語研究が導き出した新解釈で、経典の真実を明らかにする。

法然　十五歳の闇（上）（下）　梅原猛

日本宗教の常識を覆した浄土宗開祖・法然とは何者なのか。父の殺害事件、亡き母への思慕、比叡山後の足跡――。ゆかりの地をめぐる綿密なフィールドワークで、隠された真実と浄土思想の真意を導き出す！

角川ソフィア文庫ベストセラー

選択本願念仏集
法然の教え
訳・解説／阿満利麿

仏法末世が信じられた鎌倉初期、念仏だけを称えれば救われると説いた法然。従来の仏教的価値観を根本的に覆した思想の真髄を、平易な訳と原文で紹介。強靭な求道精神の魅力に迫る浄土宗・浄土真宗の基礎文献。

法然を読む
「選択本願念仏集」講義
阿満利麿

法然が膨大な行の体系の中から選び取った「南無阿弥陀仏」の一行は、不条理や不安が生み出す絶望から人々を自由にする唯一の言葉だった。主著『選択本願念仏集』をテキストとして、その信念と意義を読み解く。

坐禅ひとすじ
永平寺の礎をつくった禅僧たち
角田泰隆

坐禅の姿は、さとりの姿である。道元、懐奘（えじょう）、義介――。永平寺の禅が確立するまでの歴史をわかりやすく綴りながら、師弟間で交わされる問答を通して、受け継がれてきた道元禅の真髄を描き出す。

禅のすすめ
道元のことば
角田泰隆

『正法眼蔵』『普勧坐禅儀』……数多くの道元の著作から、禅の思想を読み解く。「只管打坐――ただ座る」「空手還郷――あたりまえの素晴らしさ」など、現代社会に通じる普遍的なメッセージの深遠を探る。

自分をみつめる禅問答
南　直哉

「死とはなにか」「生きることに意味はあるのか」――。生について、誰もがぶつかる根源的な問いに、「禅問答」のスタイルで回答。不安定で生きづらい時代に、仏教の本質を知り、人間の真理に迫る画期的な書。

角川ソフィア文庫ベストセラー

いきなりはじめる仏教入門　内田　樹・釈　徹宗

仏教について何も知らない哲学者が、いきなり仏教に入門!?「悟りとは何か」「死は苦しみか」などの根源的なテーマについて、思想と身体性を武器に、自らの常識感覚で挑む！　知的でユニークな仏教入門。

はじめたばかりの浄土真宗　内田　樹・釈　徹宗

「〈知っていて悪いことをする〉のと〈知らないで悪いことをする〉のと、罪深いのはどちらか」。浄土真宗の意義と、仏教のあり方を問い直す、新しい仏教入門書。特別対談「いま、日本の仏教を考える」を収録。

仏教のことばで考える　松原泰道

縁起、無常、法、恩……仏教語のなかには長い間使われてきたために意味が変わってしまったものも多い。現代の語り部として仏教の思想を広く人々に説き続けた著者が、その本当の意味を分かりやすく伝える。

夢中問答入門
禅のこころを読む　西村惠信

救いとは。慈悲とは。禅僧・夢窓疎石が足利尊氏の弟・直義の93の問いに答えた禅の最高傑作『夢中問答』。その核心の教えを抽出し、原文と平易な現代語訳で読みとく。臨済禅の学僧による、日常禅への招待。

よくわかるお経読本　瓜生　中

般若心経、浄土三部経、光明真言、和讃ほか、各宗派の代表的なお経十九を一冊に収録。ふりがな付きの原文と現代語訳で読みやすく、難解な仏教用語も詳細に解説。葬儀や法要、写経にも役立つ実用的読本！

角川ソフィア文庫ベストセラー

よくわかる浄土真宗
重要経典付き
瓜生　中

浄土真宗のはじまり、教義や歴史、ゆかりの寺社にはどんなものがあるのか。基礎知識を丁寧に解説、よく勤行される『和讃』『御文章（御文）』ほか有名経典の原文と現代語訳も一挙収載。書き下ろしの入門書！

よくわかる曹洞宗
重要経典付き
瓜生　中

「禅」の成り立ち、宗祖道元や高僧たちの教えと生涯、ゆかりの寺院などの基礎知識を丁寧に解説。『修証義』『般若心経』『大悲心陀羅尼』ほか有名経典の原文＋現代語訳も収録する、文庫オリジナルの入門書。

よくわかる真言宗
重要経典付き
瓜生　中

密教の教義、本尊と諸尊、空海ゆかりの寺院などの知っておきたい基礎知識を解説。『光明真言』『般若理趣経』『十三仏真言』ほか有名経典の原文＋現代語訳も収録する、文庫オリジナルの入門書。

よくわかる祝詞読本
瓜生　中

祝詞の基礎知識、神話と神々の由来、神社参拝時のマナー等をていねいに解説。月次祭、節分祭、七五三、成人式ほかで奏上される、24の身近な祝詞例文を現代語訳とともに掲載する文庫オリジナルの実用読本。

よくわかる浄土宗
重要経典付き
瓜生　中

浄土宗でよくとなえられる浄土三部経や一枚起請文ほか有名経典の原文と現代語訳を掲載。浄土教の教義、宗祖法然の生涯や各宗派、主要寺院も基礎から解説する、基本の「き」からよくわかる書き下ろし文庫。

角川ソフィア文庫ベストセラー

全文現代語訳 浄土三部経
訳・解説／大角 修

日本の歴史と文化に深く浸透している「浄土三部経」(無量寿経、観無量寿経、阿弥陀経) 全文を改行や章題・小見出しによる区切りを設け、読みやすく現代語訳。「浄土教の小事典」を付した入門書。

全品現代語訳 大日経・金剛頂経
訳・解説／大角 修

真言密教の二大根本経典の思想性を重視しつつ、親しみやすく全品を現代語訳。『秘密曼荼羅十住心論』など真言宗開祖・空海の主著をはじめ、豊富なコラムや図版、小事典も充実した文庫オリジナルの画期的な入門書。

唯識とはなにか
唯識三十頌を読む
多川俊映

「私」とは何か、「心」とは何か——。唯識仏教の大本山、奈良・興福寺の貫首が、身近な例を用いつつ、心のしくみや働きに迫りながら易しく解説。日常の自己をみつめ、よりよく生きるための最良の入門書。

ブッダが考えたこと
仏教のはじまりを読む
宮元啓一

仏教の開祖ゴータマは「真理」として何を悟り、〈ブッダ＝目覚めた人〉となりえたのか。そして最初期の仏教はいかに生まれたのか。従来の仏教学が見落としてきた、その哲学的独創性へと分け入る刺激的論考。

わかる仏教史
宮元啓一

上座部か大乗か、出家か在家か、実在論か唯名論か、顕教か密教か——。ひとくちに仏教といっても、その内実はさまざま。インドから中国、日本へ、国と時代を超えて展開する歴史を徹底整理した仏教入門。

角川ソフィア文庫ベストセラー

図解　曼荼羅入門
小峰彌彦

空海の伝えた密教の教えを視覚的に表現する曼荼羅。大画面にひしめきあう一八〇〇体の仏と荘厳の色彩には、いかなる真理が刻み込まれているのか。豊富な図版と絵解きから、仏の世界観を体感できる決定版。

白隠
禅画の世界

芳澤勝弘

独特の禅画で国際的な注目を集める江戸時代の名僧、白隠。その絵筆には、観る者を引き込む巧みな仕掛けと、言葉に表せない禅の真理が込められている。作品図版の分析から時空を超えた叡智をよみとく決定版。

最澄と空海
日本仏教思想の誕生

立川武蔵

日本仏教千年の礎を築いた最澄と、力強い思考から密教の世界観を樹立した空海。アニミズムや山岳信仰の豊穣をとりこみ、インドや中国とも異なる「日本型仏教」を創造した二人の巨人、その思想と生涯に迫る。

白描画でわかる仏像百科
香取良夫

釈迦如来、弥勒菩薩、弁財天——。仏や諸尊の数々を300点超の細密画で徹底紹介。仏像の形式別に分かりやすくジャンル分けし、見開き毎に図像と解説を収録。眺めるだけでも楽しい文庫オリジナルの入門百科。

般若心経を読みとく
二六二文字の仏教入門

竹村牧男

大乗仏教の真髄を二六二字に凝縮した『般若心経』。その理解には仏教学の知識を欠くことができない。空とは、自己とは、そして真に自由な境地とは？　経文を味わい、生きる智慧を浮かび上がらせる仏教入門。